서강대학교 리하르트 세플러 연구소
종교철학 총서 06

초기 인도불교의 열반 이론

서강대학교 리하르트 셰플러 연구소

종교철학 총서 06

초기 인도불교의 열반 이론

초판 1쇄 발행 2022년 4월 29일

지은이 황순일
펴낸이 박민우
기획팀 송인성, 김선명, 김선호
편집팀 박우진, 김영주, 김정아, 최미라, 전혜련
관리팀 임선희, 정철호, 김성언, 권주련
펴낸곳 (주)도서출판 하우

주소 서울시 중랑구 망우로 68길 48
전화 (02)922-7090
팩스 (02)922-7092
홈페이지 http://www.hawoo.co.kr
e-mail hawoo@hawoo.co.kr
등록번호 제475호

값 9,000원
ISBN 979-11-6748-050-7 94200
ISBN 979-11-6748-044-6 (set)

초기 인도불교의 열반 이론

서강대학교
리하르트 셰플러 연구소
종교철학 총서

06

황순일 지음

도서출판 夏雨

차례

머리말 / 7

01 열반의 개념 / 25

02 불의 소멸과 열반 / 39

03 멸진정과 열반 / 53

04 수행전통과 열반 / 65

05 아비달마의 열반해석 / 77

06 공간과 열반 / 89

07 찰나와 열반 / 103

머리말

열반의 학문적 연구

불교가 유럽에 소개된 이후 수많은 열반에 관한 연구가 진행됐지만, 열반에 대해서 만족할만한 설명을 찾기란 여간 어려운 일이 아니었다. 20세기 초반 벨기에의 유명한 불교학자인 라 발레 푸셍(Louis de La Vallée Poussin)은 『종교윤리백과사전』에 수록된 자신의 원고에서 열반에 대한 연구의 어려움을 다음과 같이 토로하고 있다.

> 우리 학자들도 불교도들이 이해하는 정도로 열반을 이해하고 있으므로, 열반에 대해 명확하게 설명하지 못하는 것이 꼭 우리들의 잘못만은 아니다. 우리가 만족하지 못하는 서술에 불교도들은 만족해 왔다. 아마도 유럽의 학자들이 수 세기에 걸쳐서 자기 생각을 명확히 표현하려 해온 것에 반해 인도인들은 꼭 그렇지만은 않았기 때문으로 보인다. 또한, 우리가 불교의 교리들을 외부에서 믿음을 선행하지 않고 다루기 때문일 것이기도 하

> 다. 열반은 우리에게 있어서 고고학적인 흥미를 일으키는 대상이지만, 불교도에 있어서는 실천적으로 가장 중요한 의미를 가지는 것이다. 우리가 해야 할 일이 열반이 어떤 것인지를 연구하는 것이라면 불교도가 해야 할 일은 열반에 다가가는 것이다. 서로 너무나 다른 일이 아닐까 한다(Hastings, 1925-1940: 376).

일견 불교인이나 인도인을 자신을 포함하는 유럽인과 이분법적으로 구분하여 서술한 것이 그 당시 유럽에 팽배해 있었던 오리엔탈리즘적인 기조를 반영하고 있는 것이 아닌가 하는 오해를 불러일으킬 수도 있지만, 그가 명확히 하려 했던 것은 불교에 대한 믿음을 가지고 실천적으로 접근하는 것과 불교를 학문적 호기심으로부터 객관적으로 접근하는 것 사이에 엄청난 차이가 있다는 점이다. 사실 열반이라는 어떤 경지가 있을 것이라는 믿음을 가지고 그 경지에 대해 실천적으로 접근하려는 사람에게 열반 개념이 가지고 있는 모호함을 따지는 것 자체가 어쩌면 별로 의미가 없는 일일 수 있다. 오히려, 감히 언어적으로 표현하거나 설명할 수 없는 어떤 신비로운 영역에 남겨두는 것이 차라리 실용적이며 어떤 종교적인 중요성을 또한 지닐 수 있을 것이다.

하지만 이러한 태도는 과학적 사유가 지배하는 오늘날의 다종교 사회에서 얼마나 호소력을 가질 수 있을까 하는 점을 간과하고 있다. 현대 과학이 제공하고 있는 명확하고 투명한 설명에 길든 현대인들은 점차 종교적인 영역에 있어서까지도 좀 더 과학적이고 좀 더 체계적이며 좀 더 객관적인 설명을 요구하고 있다. 불교도라면 누구나 지향하는 최고의 경지인 열반 또한 여기에서 예외로 남아있을 수는 없었던 것 같다. 어쩌면 이러한 부분이 학문적으로 불교를 연구하는 사람들이 감당해야 할 부분이 아닐까 한다. 불교가 유럽에 소개되었을 때 많은 유럽의 학자들이 각각의 방법으로 열반 개념에 대한 해명을 시도해 왔다. 그리고 이러한 초기학자들의 노력은 1968년에 가이 리처드 웰본(Guy Richard Welbon)에 의해 정리되어 『불교의 열반과 그 서구적 해석들(Buddhist Nirvana and Its Western Interpreters)』이란 제목으로 출판되기도 했다. 하지만 아직도 열반에 대해서 그렇게 만족스러운 해명이 이루어지지는 못한 상태에 있으며, 열반은 학자들의 주관적인 관점과 각각의 기호에 따라 여러 가지로 다양하게 해석되고 있다.

열반에 대한 객관적 접근법

한 번이라도 열반 개념에 대해 객관적으로 접근해 보려 했던 사람이라면, 라 발레 푸셍이 직면했던 어려움이 얼마나 높은 벽으로 자리 잡았는지를 알 수 있다. 기본적으로 열반이란 개개의 승려들이 스스로의 수행을 통해 주관적인 체험으로 도달할 수 있는 것이기 때문이다. 초기경전에서는 열반을 유여열반(有餘涅槃, saupādisesanibbāna)과 무여열반(無餘涅槃, anupādisesanibbāna)으로 나누고, 전자를 붓다의 깨달음과 동일시하며 탐냄, 혐오, 우둔함이 소멸된 것(nirodha)으로 설명하는 반면, 후자를 붓다의 마지막 열반으로 더 이상의 새로운 생이 없어서 윤회하는 세계에서 완전히 벗어나는 것으로 설명한다.

수행자가 유여열반의 경지를 체험하게 되면 '생이 파괴되었고 종교적인 삶이 완성되었으며 해야 할 일을 다 했고 이 세계에 더 이상 [태어나지] 않는다는 것을 완전히 알았다'는 오도송(悟道頌)을 외친다. 즉, 이제 자신이 아라한의 경지에 이르렀고 남아 있는 삶을 마치면 마지막 열반에 들게 될 것이라고 사방에 알리는 것이다. 하지만, 그 수행자가 정말로 유여열반의 경지에 이르렀는지는 자신에게 주관적으로 알려질 뿐 우리가 외부에서 확인할 길이 없다. 더욱이 윤회하는 이 세계를 마지막으로 떠나가는 것으로 막연히 설명되는 무여열반의 경우 우리가 어떻게 접근해 보려 해도 접근조차 불가능하며, 설령 누군가가 마지막 열반에 들었다고 해도 이미 이 세계와는 완전히 단절되었으므로 우리가 확인할 방법이 없다.

불교를 수행적인 측면에서 다루는 학자들은 불교 경전에서 제시된 다양한 경지들이 수행을 통해 주관적으로 얻어지는 체험이기 때문에, 불교에 대한 학문적 접근은 객관성이라든지 합리성을 보다는 이러한 체험이 가지는 주관적이고 실천적 측면을 중심으로 해야 한다고 이야기하기도 한다. 하지만 이러한 주장은 불교학을 학문적인 영역으로부터 스스로 분리시키는 것으로, 과학적이고 체계적이며 객관적인 설명을 요구하는 현대적 분위기에 역행할 뿐만 아니라 불교학의 외연을 확대하는 것에 도움을 주지 못한다. 불교에 대한 주관적인 접근은 기본적으로 수행을 통해 직접 체험하는 부분이다. 즉, 라 발레 푸셍의 표현을 빌면 '열반에 다가가려는' 사람들이 실천적으로 감당해야 할 영역이다.

그렇다면 열반에 대한 객관적이고 학문적인 접근은 어떻게 가능할까? 열반의 근처에도 가보지 못한 사람이 열반은 이러이러하다고 이야기할 수 있는 근거는 어디에 있을까? 아마도 우리는 붓다의 가르침과 여기에 대한 방대한 문헌적인 자료들을 근거로 객관적이고 문헌학적인 분석을 통해서 열반에 대해서 접근할 수 있다. 개인적인 견해로 열반이 어떠하다고 주관적으로 이야기하는 것이 아니라, 불교 문헌에 나타난 자료들에 대한 객관적으로 분석을 통해 그 문헌의 저자 또는 문헌이 속하는 학파의 사람들은 열반을 이렇게 이해했다고 객관적으로 설명할 수 있다. 그리고 다양한 시대와 장소에서 이루어진 열반에 대한 이러한 언급들에 관한 연구를 바탕으로 열반이 초기에 어떻게 개념화되었고 다양한 종교 · 사회 · 문화적 환경과 접촉하면서 어떻게 교리적으로 체계화되고 발전하게 되었는가를 알아볼 수 있다. 즉, 열반 개념에 대한 역사적인 분석 또한 가능한 것이다. 그리고 이러한 연구 성과가 축적되어야만 현대 사회에 알맞은 열반에 대한 이해와 재해석이 가능하다. 물론, 아직은 그렇게 되기에 우리가 너무도 멀리 있는 것이 현실이다.

초기경전의 비유적 성격

열반에 관한 문헌들을 분석하는 것 또한 그렇게 쉬운 일이 아니다. 특히 초기경전의 경우 여러 가지로 해석될 수 있는 비유적인 용어들로 가득 차 있어서 주요한 교리적 개념들을 명확히 한다는 것은 여간 까다로운 일이 아니다. 이러한 어려움은 우리만이 느끼는 것이 아니다. 초기경전의 전문 용어들을 개념적으로 또는 글자 그대로의 의미에 따라 체계화하려 했었던 아비달마의 논사들에게 있어서도 동일하게 적용되었다.

대승의 몇몇 논서에서는 초기경전에 이미 대승적 논의들이 간접적으로 시사되었음을 주장하려할 때 종종 '밀의(密意)에 따른 것(ābhiprāyika)'이란 용어가 사용되고 있다. 하지만 이 용어는 설일체유부(Sarvāstivāda)나 경량부(Sautrāntikas)와 같은 부파불교의 논서류에서 용어의 정의에 입각한(lākṣaṇika) 아비달마의 설명에 대비되는, 초기경전의 전후 문맥 또는 화자의 의도에 입각한 설명방식을 지칭할 때 사용된다. 남방 테라와다(Theravāda) 불교에서는 아비달마의 설명을 직설적(nippariyāya)이라고 하면서, 문맥에 의존(pariyāya)하는 경전의 설명과 대비하고 있다. 아비달마의 논사들은 경전의 내적인 전후 맥락을 파악하는 것이 초기경전에 나타나는 다의적인 용어들을 이해하는 것에 중요한 단서가 된다는 것을 알고 있었다. 개별 용어들의 개념적인 정의를 바탕으로 분류하고 해석하는 작업에 익숙해 있었던 아비달마의 논사들에게 있어서 문헌의 내용 전체를 고려해서 의미를 드러내는 작업은 그렇게 간단하지 않았을 것이다. 불교의 다양한 용어들을 끊임없이 분류하고 정의하면서 명확하게 체계화하는 아비달마의 논사들에게 있어서 전후 문맥에 크게 의존하는 초기불교의 가르침은 일종의 골칫거리였을 가능성이 크다.

불교학의 초창기에 서구에서 있었던 열반에 대한 연구 또한 이러한 문제점에 노출되었다. 웰본의 『불교의 열반과 그 서구적 해석들』을 보면 열반 개념을 명확히 하려는 이들의 시도가 주로 주어진 용어의 어원적 분석을 중심으로 이루어졌기 때문에, nirvāṇa, upadhi, upādi 등과 같은 열반에 관련된 핵심 용어들의 어원 분석을 놓고 여러 학자가 대립했던 것을 볼 수 있다. 이들은 주어진 문헌자료가 스스로 의미를 드러내도록 전체적인 맥락을 살피기보다는 용어의 어원 분석을 바탕으로 개념을 자의적으로 정의하고 이를 전 방위로 적용하여 해석하려 했다. 따라서 다양한 맥락에서 서로 다르게 해석될 수 있는 초기경전의 용어 이해에 한계가 있었으며, 따라서 아비달마의 논사들과 같은 어려움에 부딪히게 되었다.

특히 열반의 경우에 있어서 우리들의 이해를 더욱 어렵게 하는 것이 초기경전에 나타난 열반에 관련된 용어들이 가지고 있는 비유적 성격이다. 기본적으로 열반의 산스크리트어인 니르바나(nirvāṇa)란 용어 자체가 일종의 비유어로서 nir√vā(to blow)란 자동사 형태에서 파생된 형태를 취하고 있다. 냐나몰리에 의하면, 이 용어는 원래 풀무질로 바람을 불어 넣어 활활 타오르던 불이 대장장이가 풀무질을 멈추었을 때(stop blowing) 자연적으로 소멸하는 것을 지시했을 것으로 보인다(Ñyāṇamoḷi, 1976: 319). 따라서 '불의 소멸'이란 이미지가 열반(nirvāṇa)이란 맥락에서 사용되면 그 의미는 갑작스러운 바람과 같은 외적인 요인에 의해 활활 타오르던 불이 갑자기 꺼지는 것이 아니라 장작과 같은 연료가 남아있지 않아서 불이 자연적으로 소멸되는 것을 지칭하는 것이 된다.

두 가지 열반에 대한 상이한 해석

열반에서 어떤 것이 소멸하는가는 팔리어(pali)로는 'saupādisesanibbānadhātu'와 'anupādisesanibbānadhātu'로 표기되며, 불교혼성범어(佛敎混淆梵語)로 'sopadhiśeṣanirvāṇadhātu'와 'nir/an-upadhiśeṣanirvāṇadhātu'로 표기된다. 여기에서 두 가지 열반에서 'upādi' 또는 'upadhi'가 무엇을 지시하느냐에 따라 열반은 다르게 해석될 수 있다. 사실상 초기경전에서부터 이미 기존의 두 가지 열반에 대한 이해와 다른 해석이 제시되고 있다. 테라와다의 주석 전통은 'upādi'가 '나'라는 유기체를 구성하는 오온(五蘊)을 지시하는 것으로 해석한다. 따라서 유여열반과 무여열반은 붓다의 일생에 있어서 가장 중요한 두 가지 사건인 깨달음과 마지막 열반에 해당한다. 즉 이 의미를 'saupādisesanibbānadhātu'에 대입하면 비록 탐냄(rāga, 혹은 애착), 혐오(dosa), 우둔함(moha)과 같은 번뇌들은 소멸되었지만(nibbāna), '나'라는 유기체를 구성하는 오온은 아직까지 남아있는 상태(sa-upādhisesa)가 되고 유여열반은 번뇌의 소멸(kilesa-parinibbāna)로 설명된다. 동일한 의미를

'anupādisesanibbānadhātu'에 대입하면 탐냄, 혐오, 우둔함과 같은 번뇌들이 이미 소멸된 상태에서(nibbāna) 남아있던 오온마저도 완전히 소멸된 상태(an-upādhisesa)가 되고, 무여열반은 '나'라는 유기체의 완전한 소멸(khandha-parinibāna)로 설명된다. 비유적으로 설명하면 도공(陶工)의 물레가 모터의 힘에 의해 돌고 있다고 했을 때, 유여열반은 모터가 멈춘 뒤에도 원심력 등에 의해 계속 돌고 있는 상태를 말하는 것이며, 무여열반은 돌고 있던 물레가 더 이상의 회전력이 남지 않아서 마지막으로 멈춰선 상태를 비유하는 것으로 설명할 수 있다.

한편 몇몇 근현대학자들은 upādhi를 '집착' 또는 '번뇌'를 뜻하는 것으로 본다. 올덴베르그(Oldenberg, 1882: 427-445)를 필두로 러브조이(Lovejoy, 1898: 127-136)와 메이스필드(Masefield, 1979: 215-230) 등의 학자들은 초기경전이 'upādisesa'의 다른 용례를 보여준다는 점을 바탕으로 'upādhi'가 원래 '나'라는 유기체를 구성하는 오온(五蘊)을 의미했을 것으로 보기는 어렵다고 주장한다. 사실상 이 용어는 초기경전에서 집착 또는 번뇌를 지칭하는 것으로 사용되기도 하며, 네 가지로 분류되는 불교의 성인(ariyapuggala)의 단계에서 첫 세 단계를 지시하기도 하고, 종종 아라한(arahant)을 지칭하는 용어인 완전지(añña)에 대비되는 불환(anāgāmin)을 지칭하기도 했다. 이 집착 또는 번뇌란 의미를 두 가지 열반에 대입하면 아직까지 집착이 남아있다(saupādisesa)는 점으로부터 유여열반은 불환(anāgāmin)으로, 그리고 더 이상의 집착이 남아있지 않다(anupādisesa)는 점으로부터 무여열반은 아라한(arahant)으로 해석될 수 있다. 따라서 한 수행자가 붓다의 가르침대로 살았다면 이 두 가지 중의 한 가지 결과를 얻을 것이란 초기경전의 언급으로부터 두 가지 열반은 테라와다 주석 전통에서 설명하는 것과 같이 한 승려가 연속적으로 이들 두 가지 단계를 거쳐 가는 것이 아니라, 각기 다른 승려가 그들의 능력에 따라 얻는 두 가지의 상호 배타적인 결과로 보아야만 한다고 주장한다(Masefield, 1979: 224).

이들의 주장에서 핵심이 되는 것은 『인도학불교학연구(JIBS)』에서 후지타 고우다츠(Huzita, 1988: 8)가 주장한 것과 같이 초기경전에서 'upādi'가 '나'라는 유기체를 구성하는 오온(五蘊)을 지시한다는 명확한 증거가 없다는 점이다. 라 발레 푸생(La Vallée Poussin, 1925: 168-180)과 토마스(Tomas, 1927: 190-191)의 경우도 'upādi'가 원래 오온을 의미했을 것으로는 보이지 않는다고 했다. 여기에 대해서 곰브리치는 비록 직접적으로 나타나지는 않지만, 비유를 통해 간접적으로 그러한 증거가 초기경전에 나타나고 있다고 주장한다. 그는 『불교는 어떻게 시작되었는가』에서 초기경전에서 'upādi'가 두 가지 열반의 맥락에서 사용되었을 때

이 용어는 '불의 소멸'이란 이미지를 통해 열반을 두 가지로 나누어 설명하는 비유로서 집착, 번뇌와 같은 주관적인 의미가 아니라 연료, 땔감과 같은 객관적인 의미로 사용되었을 것이라고 설득력 있게 주장하고 있다(Gombrich, 1996: 68-69).

초기 팔리어 경전에서 종종 나타나는 'upādāna-kkhandhā'란 표현은 한역 경전에서 주로 '오취온(五取蘊)'으로 번역되고 있다. '우파다나(upādāna)'란 용어의 주관적인 의미를 살려서 한문으로 번역된 '취(取)'를 살려서 이 용어를 이해하거나 한글로 번역하기란 여간 까다로운 것이 아니다. 곰브리치는 여기에서 'upādāna'는 열반을 포함하는 비유적인 맥락에서 사용되었으며, '취(取)'로 번역된 것과 같이 어떤 심리적 주관적인 상태를 말하는 것이 아니라 객관적인 의미에서 '연료' 또는 '땔감'이란 의미를 지니는 것으로 보아야 한다고 주장한다(Gombrich, 1996: 68-69). 즉, 'upādāna-kkhandhā'는 '연료로서의 오온(五蘊)'으로 비유적으로 해석하는 것이다. 이점은 『상윳타니카야(Saṃyuttanikāya)』의 Ādittasutta에서는 '나'라는 유기체를 구성하는 오온이 비유적으로 보면 연료이자 땔감으로서 탐냄, 혐오, 우둔함이란 세 가지 불꽃이 함께 타오르는 것으로 설명하는 것에서 확인된다. 다시 말해서, 이들의 유여열반과 무여열반을 불환과 아라한으로 보려는 시도는 초기경전에 나타나는 열반에 관한 언급들의 비유적 성격을 고려하지 못한 것으로 이러한 점이 무시되었을 때 열반이 얼마나 다르게 해석될 수 있는가를 보여주는 단적인 실례가 된다고 할 수 있다.

| 참고문헌 |

Gombrich, R. F.(1996). *How Buddhism Began*. London: Routledge.

Hastings, J.(1925-1940). *Encyclopædia of Religion and Ethics*. London: T & T Clark.

Huzita, K.(1988). "*Nirvana in the Early Buddhism*, nibbāna and parinibbāna", *JIBS*.

La Vallée Poussin, Louis de.(1925). *Nirvāṇa*. Paris: G. Beauchesne.

Lovejoy, A. O.(1898). "The Buddhistic Technical Terms Upādāna and Upādisesa", *JAOS* XIX.

Masefield, P.(1979). "The Nibbāna-Parinibbāna Controversy", *Religion* Vol. 9.

Ñyāṇamoḷi, B.(1976). *The Path of Purification*. Berkeley: Shambhala.

Oldenberg, H.(1882). *Buddha: His Life, His Doctrine, His Order*. New Delhi: Munshiram Manoharial Publishers.

Tomas, E. J.(1927). *The Life of Buddha as Legend and History*. London: Routledge & Kegan.

01

열반의 개념

열반 개념과 대기설법

초기경전의 비유적인 측면만큼이나 열반 개념의 파악에 있어서 중요한 열쇠가 되는 것은 후대에 대기설법(upāya-kauśalya)으로 규정된 붓다의 독특한 대화법이다. 팔리어 경전에 표현된 붓다의 모습을 보면 추상적인 개념들로 이론을 토론하려 하지 않고 논쟁을 끌어내려고도 하지 않지만, 어쩔 수 없이 이론적인 충돌이 일어나면 직접 부딪히기보다는 대기설법으로 상대를 설득하려는 경향을 보인다(Gombrich, 1996: 16-17). 다양한 종교적 문화적 배경을 지닌 사람들과 대화에 임하는 붓다의 방식은 거의 동일한데, 스스로를 질문자의 정신적 입장에 가능한 한 가깝게 접근시킨 후 상대의 견해를 직접 공격하기 보다는 상대방의 관점에서 토의를 시작해서 각각의 용어들에 새로운 불교적 관점 또는 좀 더 고차원적인 의미를 삽입하여 붓다 자신의 결론으로 상대를 유도하는 것이다. 『숫타니파타(Suttanipāta)』에 나타나는 붓다와 마라의 유명한 대화는 이러한 붓다의 대화법을 잘 보여 준다.

> 마라가 말하기를, "아들이 있는 사람은 아들 때문에 기뻐하고 동일하게 소 주인들은 소 때문에 기뻐한다. 소유(upadhi)에서 즐거움이 오니 아무것도 소유하지 못한 자는 기뻐할 것도 없다." 세존께서 답하기를, "아들이 있는 사람은 아들 때문에 슬퍼하고 동일하게 소 주인은 소 때문에 슬퍼한다. 집착(upadhi)에서 슬픔이 오니 집착이 없는 자는 슬퍼할 것도 없다."

비록 동일한 용어 '우파디(upadhi)'를 사용하고 있지만, 마라가 사용했을 때는 객관적인 의미로 '부인과 자식', '돈과 황금'과 같은 세속적인 소유물을 지시하는 반면 붓다가 사용했을 때는 주관적으로 그러한 세속적인 소유물들에 집착하는 우리들의 정신상태를 지시하고 있다(Norman, 1992: 144). 따라서 붓다는 동일한 논리를 사용하면서도 객관적인 의미로 사용된 용어에 주관적 의미를 부여하여 상대방을 자연스럽게 자신이 원하는 쪽으로 유도하고 있는 것을 여기에서 잘 볼 수 있다. 불교의 교리들이 형성되던 시기에 다양한 문화적 종교적 배경을 지닌 사람들이 불교로 전향해 왔다고 했을 때 일정한 만큼 상대방의 견해를 수용하면서 자신이 원하는 쪽으로 결론을 끌어가려고 했던 이러한 대화법은 때론 의도적으로 때론 자연적으로 붓다 당시 또는 그 이후의 다양한 문화적 종교적 요소들을 불교의 체계 속으로 끌어들이는 역할을 했을 것으로 추정할 수 있다.

실제적인 내용에 있어서 유여열반은 탐냄, 혐오, 우둔함 등 세 가지 뿐만 아니라 모든 번뇌의 소멸을 의미함에도 불구하고 초기경전에서는 이를 단순히 이러한 '세 가지 불[三火]의 소멸'로서만 설명한다. 이는 대기설법의 영향으로 볼 수 있는데, 브라만들이 계속해서 밝히고 경배하는 세 가지 불과 대비되었던 것으로 볼 수 있다. 즉 부모 또는 조상을 상징하는 동쪽의 불(ādavanīṣṇya), 현재 가족들을 상징하는 서쪽의 불(gārhapatya) 그리고 존경받을 만한 성인들을 상징하는 남쪽의 불(dakṣiṇāgni)이란 브라만의 세 가지 불에 불교적인 의미를 부여한 것이다(Gombrich, 1996: 66). 즉 브라만의 긍정적이고 삶을 상징하는 불이란 이미지에 탐냄, 혐오, 우둔함이란 불교적 이미지를 더하여 불이 더 이상 긍정적이고 삶의 상징하는 좋은 것이 아니라 부정적이고 삶에서 가장 멀리해야 하는 것으로 만들어 주로 브라만적인 배경을 가진 청중들에게 일종의 풍자로 사용되면서 고착되었을 것이다.

이 점은 율장 대품의 아딧타숫타(Āditta-sutta)의 경우에서도 나타난다. 여기에서 붓다는 우리의 모든 인식 현상이 탐냄, 혐오, 우둔함이라는 세 가지 불과 함께 타오르고 있지만, 해탈의 길은 이 세 가지 불을 멀리 하는 것(nibbindati)에서 시작된다고 막 불교로 전향한 머리를 엉켜 올리고 불을 숭배하는 자틸라(jaṭila)로 불리는 수행자들에게 가르치고 있다. 슈만이 지적한 것처럼, 불을 매개로 기존의 의미와 정반대되는 이미지를 끌어내어 불을 맹목적으로 숭배해 왔던 자틸라들에게 깊은 인상을 심어 주었을 것에 의심의 여지가 없다(Schumann, 1989: 87).

불의 소멸과 열반

열반에 대한 다양한 현대적 해석이 가지는 또 다른 문제점은 개개의 학자들이 선호하는 특정한 학파 또는 문헌에 나타난 열반관(涅槃觀)을 불교 전체를 대변하는 열반관으로 제시하고 있다는 점이다. 역사적 붓다가 열반의 경지, 즉 '여래(Tathāgata)의 사후상태'에 관해 침묵(avykata)한 열반의 경지가 무엇인가를 해명하려는 무수한 시도들이 있었다. 현대 불교학자들도 예외가 아니어서 각각의 방식으로 열반의 경지에 대한 해명을 시도했다. 카진이 『열반과 아비담마』에서 이야기하듯이 유여열반을 얻은 아라한이 죽음과 함께 마지막 열반에 도달하게 되면 어떻게 되는가 하는 '여래(Tathāgata)의 사후상태'에 관한 해답은 초기경전에서 직접적으로 찾을 수는 없다(Cousins, 1983: 97). 하지만, 근대에 이르러 슈레이더(Schrader, 1905: 167-170)에 의해 팔리경전협회저널(PTS Journal)에서 이 문제가 다시 제기된 후, 타니삿로(Thanissaro, 1993: 15-20), 하비(Harvey, 1990: 66-67)까지 많은 학자들이 이 문제를 다루어 왔다.

슈레이더(Schrader)의 해석은 초기 및 중기 우파니샤드(Upaniṣad)에 기원을 둔 '불의 소멸'에 대한 인도적인 관점에 기초하고 있다. 그에 의하면 불에 대한 인도적 관점(common Indian view)이란 '소멸된 불꽃은 진짜로 없어지는 것이 아니라 눈에 보이는 불로 나타나기 이전의 근원적이고 순수하며 보이지 않는 상태의 불로 되돌아간다.'는 것이다. 따라서 '불의 소멸'이란 이미지를 통해 간접적으로 설명된 무여열반의 경지는 단순히 소멸되어 없어지는 것이 아니라 궁극적으로 존재하는 어떤 것으로 해석되어야 한다는 것이다.

피터 하비는 초기경전에서 신통력을 가진 비구(iddhimant)가 잘라 놓은 나무에서 지수화풍(地水火風)의 네 가지 요소를 볼 수 있다는 것으로부터 다음과 같이 결론짓고 있다.

> 서구적 교육을 받은 사람들에게 있어서 꺼진 불은 존재하지 않는 것이기 때문에 어디로인가 가는 것이 아니지만, 고대 인도

에서 붓다의 이야기를 듣는 사람들에게 있어서 꺼진 불은 잠재상태의 열기라는 나타나지 않는 상태로 되돌아가는 것으로 생각했을 것이다. 따라서 불의 소멸이란 비유는 '여래(Tathāgata)의 사후' 상태가 단순히 비존재가 아니라 우리의 일반적인 이해의 영역을 넘어서는 어떤 것이라는 것을 보여준다(Harvey, 1990: 66-67).

화학이나 물리학 교육을 받은 현대인에게 있어서 불의 소멸이란 일종의 완전 연소로서 더 이상의 존재성을 논의하는 것 자체가 무의미하지만, 고대 붓다의 청중들은 불의 소멸이 단지 나타난 상태의 불이 잠재상태의 불로 되돌아가는 것으로 이해했을 것이다. 즉, '꺼진 불은 비존재가 아니라 그 기원 또는 원천으로 되돌아가는 것'임으로 '여래의 사후' 상태는 단순한 비존재는 아니라는 것이다.

'불의 소멸'이란 이미지를 이용하여 열반(nirvāṇa)의 경지를 설명하는 부분은 14무기(avyākata)로 나타난 대답되지 않은 질문에서 잘 나타난다. 『맛지마니카야』의 Aggivacchagottasutta에서는 왓차곳타의 계속되는 무기의 질문들에 대해 '왓차여, 나는 그러한 견해를 가지고 있지 않다'라고 간단히 답하고 있던 붓다가 어떤 결심을 한 듯 '여래의 사후' 상태에 대해 계속 물어오는 왓차곳타에게 다음과 같이 날카롭게 반격한다.

왓차여, 네 앞에 있는 불이 꺼졌다면(nibbāyeyya), '내 앞에 있는 불이 꺼졌구나'라고 알 수 있겠느냐? 예 그렇습니다, 고타마여. 그렇다면, 왓차여, '네 앞에 있던 불이 꺼졌는데 동서남북 어느 쪽으로 그 불이 가 버렸을까?'라고 다시 묻는다면, 너는 어떻게 대답하겠느냐? 고타마여, 대답할 수 없습니다. 목초와 가지를 연료로 불이 타오릅니다. 이들을 다 사용하고 더 이상 공급되지 않으면 '연료가 없어서 꺼졌다(anāhāro nibbuto)'고 말해집니다. 그와 같다. 왓차여, 여래임을 알 수 있는 여래의 물질적인 형태(rūpa)는 '뿌리째 뽑혀 뿌리가 잘려나간 야자열매처럼, 포기되었고, 존재하지 않게 될 것이며, 미래에 더 이상 나타나지 않을 것'이란 것을 알아야만 한다.

사실상 초기경전에서는 직접적으로 '여래의 사후' 상태가 '존재한다'거나 '존재하지 않는다'거나 '존재하기도 하고 존재하지 않기도 한다'거나 '존재하지도 않고 존재하지 않지도 않다'고 하는 형태로 답하지는 않고 있다. 사실상 '여래의 사후' 상태에 관한 왓차곳타의 질문들은 깨달음을 얻은 사람이 죽은 후 도달하는 어떤 상태를 이미 가정한 상태에서 나온 것이기 때문에 여기에 대해 긍정하든, 부정하든, 긍정 부정을 다 하든, 긍정도 부정도 안하든, 이러한 질문에 대답하는 것 자체만으로 기본적으로 우리의 직접지각으로 알려지지도 않고 추론을 통해 파악되지도 않는 어떤 초월적인 상태를 전제하면서 대답하는 것이 되어 버린다. 이러한 난점을 피해가면서 붓다는 왓차곳타로부터 '연료가 없어서 불이 꺼진다'는 대답을 유도해 내고 이를 통해 열반이란 것은 우리를 계속해서 윤회하는 세계에 머무르게 하는 번뇌 행위 등과 같은 연료가 없어져서 더 이상 이렇게 윤회하는 세계로 다시 돌아오지 않는 것이라고 설명하고 있다.

그렇다면 초기경전에서 이렇게 열반과 관련하여 나타나는 '불의 소멸'에 대한 이미지가 앞에서 언급된 슈레이더의 우파니샤드에 근거한 인도적인 관점과 유사한 것일까? 기본적으로 우파니샤드에 나타난 '불의 소멸'의 이미지는 여기에서 보이는 것과 연료가 떨어져서 꺼지는 불의 이미지가 아니라, 부싯질을 통해 마찰열과 같은 조건이 주어지면 언제든지 켜질 수 있는 불이다. 따라서 내부적으로 연료가 떨어져서 자동적으로 꺼지는 불의 이미지라기보다는 바람 등과 같은 외적인 요인에 의해 꺼지는 불로서 언제든지 다시 타오를 준비가 되어있는 불을 뜻한다. 아마도 붓다는 이러한 우파니샤드의 '불의 소멸'이란 이미지의 배후에 불멸하는 본질적인 특성(liṅga)으로 나타난 어떤 아트만(ātman)의 개념이 자리 잡고 있다는 것을 잘 알고 있었던 것으로 보이며, 사실상 구체적으로 '네 앞에 있던 불이 꺼졌는데 동 서 남 북 어느 쪽으로 그 불이 가 버렸을까?'라는 질문을 통해 이러한 가정이 얼마나 어리석은 것인가를 지적하고 있다. 외적으로는 동일한 '불의 소멸'이란 이미지가 사용되고 있지만, 내적으로 질적으로 전혀 다른 이야기가 된다. 즉, 열반을 존재하는 것으로 보려는 시도들은 열반을 어떻게 볼 것인가에 대해서 인도 정통 사상을 포함한 전체적인 조망이 결여되었을 때 얼마나 다르게 해석될 수 있는가를 보여주는 예가 된다.

물론 그렇다고 해서 이러한 주장이 전적으로 틀렸다고 보기도 어렵다. 붓다 이후 불교는 외적으로 승가 또는 교단의 형태로 발전하면서 점차 비대화되고 내적으로 초기경전의 해석학적인 분석을 중심으로 하는 아비달마교학을 통해 붓다의 교설들이 체계화 되면서 많은 교리적 사상적인 변화를 겪게 된다. 출가자들에게 수행의 최종적인 목표로서 재가자들에게 불교가 지향하는 이상향으로서 소개된 열반 또한 이러한 변화에 예외가 될 수 없었다. 부파불교에 오면서 붓다에 의해 침묵으로 남겨졌던 열반의 상태는 존재론적으로 보았을 때, 어떤 형태로든 있는 것이 아닌가 하는 경향을 띠게 된다. 앙드레 바로의 연구에 의하면 부파불교의 다양한 학파들 중에서 오직 경량부만이 열반을 없는 것으로 보고 있다. 이점은 바수반두(Vasubandhu, 世親)의 『아비달마구사론(Abhidharmakośabhāṣya)』에 나타나는 경량부와 비바사사(Vaibhāṣikas)의 대론에 잘 나타나 있다(Bareau, 1955: 285).

슈레이더에 의해 제시된 '불의 소멸'에 대한 인도적 관점이 역사적인 붓다가 가졌을 것으로 추정되는 열반관에 적용될 수는 없을지 몰라도, 적어도 후대의 테라와다와 설일체유부의 열반관에 있어서는 적용될 수 있었을 것으로 보인다. 사실상 후대 부파불교의 몇몇 학파들은 자신들의 열반관을 유지하기 위해 우파니샤드적인 불의 소멸의 이미지를 적극적으로 수용한 흔적들이 나타나기 때문이다.

유여열반의 중요성

열반에 대한 현대적인 해석을 통해 해결하려 했던 문제는 기존의 유여열반 무여열반의 구도 하에서는 초기경전에서 끊임없이 언급되던 탐냄, 혐오, 우둔함의 소멸을 통해 현생에서 직접 얻는(diṭṭhe vā dhamme) 유여열반이 무여열반이란 완전한 열반으로 가는 단계에서 나타나는 낮은 열반으로 보아서는 안 된다는 것이었다. 이점은 불교의 행위(karman)를 의도(cetanā)로 보는 견해를 통해서 설명될 수 있다.

자이나교(Jainism)는 모든 행위가 과보를 낳는다고 하는 주장한다. 덥고 습한 인도적 환경에서 농사일을 하는 것에 비유되어 설명되었을 것으로 추정되는 자이나의 행위이론에 의하면 번뇌에 물든 우리들의 상태는 뜨거운 햇빛 아래 일하고 있는 농부의 몸에 땀이 나서 흥건히 젖어 있는 상태로 볼 수 있을 것이다. 농부의 끈적끈적한 몸에 먼지가 달라붙어 농부를 불편하게 만드는 이미지를 통해 이들은 아마도 어떤 무게를 가진 물질로 규정된 행위(karman)가 영혼(jīva)에 달라붙어서 원래 상향성을 가진 영혼이 위로 올라가는 것을 방해하고 무겁게 만들어서 아래로 내려가게 한다고 설명했을 것으로 추정된다. 이러한 상태에 있는 농부의 어떠한 행동도 먼지가 달라붙게 하므로 자이나에서는 모든 행위가 과보로 연결된다고 한다. 이러한 상황에서 해탈을 향해 가는 길이란 아무런 행위도 하지 않고 죽는 것, 즉 굶어 죽는 것으로 언급하는데, 사실상 마하비라(Mahāvīra)가 이렇게 죽으면서 해탈에 이르렀을 것이라고 본다(Bronkhorst, 1993: 31). 즉, 행위와 과보를 이렇게 이해하는 자이나에서는 열반을 판단하는 기준이 무여열반 쪽으로 기울 수밖에 없고, '존경받을 만한 사람'이란 의미를 가진 아라한(arahant)이란 용어 또한 바가바트(bhagavat)와 지나(jina)의 동의어로서 이미 죽어서 해탈에 이른 사람들에게만 사용될 수 있게 된다.

여기에 대해서 붓다는 "비구들이여, 나는 의도(cetanā)를 행위(karman)라고 선언한다. 먼저 의도한 후에 신체적으로 언어적으로 정신적으로 행동하기 때문이다."라며 자이나와 불교를 구분짓고 있다. 불교는 기본적으로 의도적인 행위만이 결과를 낳는다고 본다. 따라서 유여열반을 통해 탐냄, 혐오, 우둔함을 포함한 모든 번뇌의 소멸을 경험한 성인에게 있어서 무여열반은 일종의 덤으로서 유여열반의 상태에서 이미 그 실현이 확증된 것이다. 앞에서 언급한 농부의 비유를 들어 설명하자면, 자이나가 아무런 행위도 하지 않으면서 먼지가 붙지 않도록 하려는 것에 대해 불교는 땀이 나서 흥건히 젖어 있는 농부의 몸의 상태를 바싹 마른 상태로 전환하여 먼지가 붙지 않도록 하는 것이다. 몸에 끈적끈적함이 없다면 어떤 행동을 해도 먼지가 달라붙지 않는다. 몸이 끈적끈적하게 되는 것을 불교에서는 번뇌에 물든다고 비유적으로 표현한다. 번뇌에 물들지 않은 아라한은 비록 여전히 이 세계와 접촉하고 있지만 더 이상의 미래의 과보를 부르는 행위를 하지 않을 것이다. 따라서 행위와 과보를 이렇게 이해한다면 열반을 판단하는 기준이 유여열반 쪽으로 기울 수밖에 없고, '존경받을만한 사람'이란 의미의 아라한이란 용어가 붓다를 포함한 모든 깨달음 즉 유여열반을 얻은 사람들에게 사용된다. 비록 불교의 유여열반과 무여열반 사이에 시간적인 차이는 있지만 질적인 차이는 없으며, 기존의 우려와는 달리 무여열반은 유여열반을 통해 자동으로 얻을 수 있는 것으로 설명될 수 있다.

기본적으로 열반에 대한 연구가 초기경전에만 치우칠 경우 전체적인 열반 개념의 교리적 발전과 변형이 무시될 수 있고, 열반에 대한 연구가 아비달마문헌과 논서류(śāstra)에 치우는 경우 초기경전에 다양하게 나타나는 비유적 설명들과 대기설법(upāya-kauśalya)으로 나타나는 붓다의 방법론 등이 가지고 있는 숨은 의미가 무시될 수 있다는 점을 간과해서는 안 될 것이다.

| 참고문헌 |

Bareau, A.(1955). *Les Sectes Bouddhiques du Petit Véhicule*. Paris: Ecole française d'Extrême-Orient.

Bronkhorst, J.(1993). *The Two Traditions of Meditation in Ancient India*. New Delhi: Motilal Banarsidass Publishers.

Cousins, L.S.(1983). "Nibbāna and Abhidhamma", *Buddhist Studies Review* 1(2).

Gombrich, R. F.(1996). *How Buddhism Began*. London: Routledge.

Harvey, P.(1990). *An Introduction to Buddhism*. Cambridge: Cambridge University Press.

Norman, K.R.(1992). *The Group of Discourses(Suttanipāta)*. Oxford: The Pali Text Society.

Schrader, F. O.(1905). "On the Problem of Nirvāṇa", *Journal of Pali Text Society* 1904-1905.

Schumann, H.W.(1989). *The Historical Buddha*. London: Arkana.

Thanissaro, B.(1993). *The Mind Like Fire Unbound*. Massachusetts: Dhamma Dana Publications.

02

불의 소멸과 열반

'불의 소멸'의 인도적 관점

붓다의 마지막 3개월간의 여정을 기록하고 있는 『대반열반경(Mahāparinibbānasuttanta)』에 의하면, 쿠쉬나가라(Kuśinagara)에서 붓다가 윤회하는 이 세상으로부터 마지막으로 떠나가시자, 몇몇 제자들이 스승의 마지막 열반을 기리며 차례로 게송을 남기는 장면이 나온다. 그 중에서 가장 유명한 것은 아누룻다(Anuruddha)가 남기신 다음의 게송이다.

> 마음이 안정된 그 분에게서 더 이상의 들숨도 날숨도 없어져 버렸다. 움직임도 없이 평화로움 속에서 [진리의] 눈을 갖추신 분이 떠나가셨다. 깨어있는 마음으로 그분은 괴로운 느낌을 참으셨다. 마치 램프가 꺼지는 것(nibbāna)과 같이, [그 분의 마지막] 마음이 자유로워졌다.

여기에서 우리의 주목을 끄는 것은 이 게송의 마지막 부분에서 붓다의 열반을 '램프의 꺼짐'에 비유하는 것인데, 이미 초기경전의 다른 부분에서 인용하고 있을 정도로 중요하게 생각되었으며, 열반의 존재성의 문제에 있어서 부파불교 학파들 사이에 이견이 생기게 되었을 때 그 논쟁의 한가운데 이 게송에 대한 해석이 쟁점화 되었다.

세친은 『아비달마구사론』에서 열반을 비존재로 해석하는 경량부의 입장에서 열반을 삼세에 걸쳐 실재하는 요소(dharma)로 보는 비바사사의 견해를 논박할 때 이 게송의 범어본을 경전적 증거로 인용하고 있다. 여기에 대해서 중현(Saṅghabhadra)은 자신의 저서 『순정리론(Nyāyānusāraśāstra)』에서 이 게송에 대한 세친의 해석을 설일체유부의 입장에서 반박하고 있다. 또한 『중론송(Mūlamadhyamakakārikā)』의 주석서인 『프라산나파다(Prasannapadā)』에서도 열반에 관해 논의할 때 저자 찬드라키르티(Candrakīrti)에 의해 이 게송이 소개되고 있다. 기본적으로 초기경전은 열반의 존재 여부에 대해 침묵하고 있다. 왜냐하면 이러한 논의는 14가지 무기(avyākata)로서 '대답되지 않은 질문'에 해당하기 때문이다. 따라서 붓다 이후 그리고 현재까지도 붓다의 침묵으로 남겨진 열반의 경지를 '불의 소멸'이란 이미지를 통해 해명하려는 시도가 계속 되어왔다.

'소멸된 불꽃은 진짜로 없어지는 것이 아니라 눈에 보이는 불로 나타나기 이전의 근원적이고 순수하며 보이지 않는 상태의 불로 되돌아간다'는 슈레이더(Schrader)의 인도적 관점은 도대체 어디에 근거하고 있을까? 우리는 중기 우파니샤드 중의 하나인 『쉬베타쉬바타라 우파니샤드(Śvetāśvatara Upaniṣad)』(I.13)의 다음과 같은 언급에서 그 기원을 찾을 수 있을 듯 하다.

> 불이 그 근원(yoni)에 들어 있을 때, 비록 불의 시각적인 형태는 보여지지 않지만, 그것의 본질적 특성(liṅga)는 소멸되지 않는다. 우리는 부싯질을 통해 그 근원으로부터 불을 다시 만들 수 있다. 이와 동일하게 우리는 옴(oṃ)이란 음절을 통해 몸 안의 [브라만과 아트만] 모두를 파악할 수 있다(Olivelle, 1996: 254)

올리벨에 의하면 여기에 주어진 이미지는 원시적인 점화용 막대를 이용해 불을 만들어 내는 것이다(Olivelle, 1996: 387). 정지된 널판의 우묵한 곳에 막대를 꼽고 아주 빠르게 회전을 시키는 방법으로 마찰을 통해 불을 얻어낸다고 했을 때, 널판의 우묵하게 들어간 부분은 근원(yoni)이 되고 현상적인 불이 만들어졌다가 꺼진 후에도 소멸되지 않고 이곳에 잠재적인 형태로 남아있는 것이 본질적인 특성(liṅga)이 된다. 따라서 이 본질적인 특성은 불이 꺼진다고 했을 때, 현상적인 불은 소멸되지만 그 불의 본질적인 특성은 소멸되지 않고 그 기원 또는 순수한 상태로 되돌아간다고 하는 슈레이더의 인도적 관점의 기원이 된다.

한편 『쉬베타쉬바타라 우파니샤드』에 앞서는 가장 오래된 우파니샤드 중의 하나인 『브리하드아란야카 우파니샤드(Bṛhadāranyaka Upaniṣad)』(I.4.6)의 브라만에 의한 창조가 설명되는 부분에서 사용되는 원시적인 점화용 막대의 비유가 앞의 경우와 유사한 형태로 언급되었다. 하지만 전자에서 보는 것과 같은 본질적인 특성에 대한 언급이 나타나고 있지 않다는 점에서부터, 불멸하는 본질적인 특성에 대한 이러한 앎은 시대적으로 『브리하드아란야카 우파니샤드』 이후 『쉬베타쉬바타라 우파니샤드』 이전의 어느 시점에서 우파니샤드의 중심사상으로 대두된 아트만(ātman) 사상의 영향을 받으면서 형성되었을 것으로 추정할 수 있을 것이다.

우파니샤드에서는 모든 곳에 편재하면서 우리 안에 있는 것으로 설명되는 아트만과 우리의 현상적인 몸과의 관계를 소금물 속의 소금 등과 같은 여러 가지 이미지를 통해 설명하고 있다. 『쉬베타쉬바타라 우파니샤드』의 다른 곳에서 현상과 불멸하는 아트만의 관계는 참깨 속의 기름, 응유 속의 버터, 그리고 강바닥의 물 등의 비유를 통해서 설명되고 있는데, 앞에서 언급한 원시적인 점화용 막대의 비유 역시 이러한 맥락에서 파악되었을 것이다. 따라서 현상적인 불의 소멸의 배후에 어떤 불멸하는 본질적인 특성이 존재하고 따라서 소멸된 불은 진짜로 없어지는 것이 아니라 현상적인 불로 나타나기 이전의 근원적이고 순순한 상태의 불로 되돌아간다고 하는 슈레이더의 인도적 관점의 배후에는 우파니샤드에서 화려하게 꽃을 피운 아트만의 관념이 이미 자리 잡고 있다고 보아야 한다. 따라서 인도적 관점을 통해 붓다의 '불의 소멸'이란 이미지를 해석하려는 슈레이더의 시도는 기본적으로 초기불교가 아트만(ātman) 개념을 부정하는 무아(無我, anātman)를 표방한다는 점에서 몇가지 문제를 내포하고 있는 것으로 보인다.

불의 소멸에 관한 초기불교적 관점

스티븐 콜린스(Steven Collins)는 '불의 소멸'이란 이미지가 구원학적(soteriological) 메타포로 사용되었을 때, 불은 바람이나 다른 어떤 외적인 요인에 의해 꺼지는 것이 아니라 연료가 떨어져서 불이 자연적으로 꺼지는 것으로 보아야 한다고 주장한다(Collins, 1998: 191). 기본적으로 nirvāṇa는 nir√vā(to blow)란 자동사 형태에서 파생된 용어로서 냐나몰리가 지적하고 있듯이 풀무질로 바람을 불어 넣어 활활 타오르든 불이 대장장이가 풀무질을 멈추었을 때 자연적으로 소멸하는 것을 지시한다. 따라서 '불의 소멸'이란 이미지가 열반(nirvāṇa)이란 맥락에서 사용되었을 때의 의미는 갑작스러운 바람 등과 같은 외적인 요인에 의해 활활 타오르던 불이 갑자기 꺼지는 것이 아니라 나뭇가지 등과 같은 연료가 더 이상 남아있지 않아서 불이 자연적으로 소멸되는 것을 지칭하는 것이 된다.

우리는 초기경전의 여러 부분에서 번뇌와 행위(karma) 등으로 비유되는 연료를 원인으로 윤회를 하게 되고, 연료가 없으면 더 이상의 윤회하지 않는다는 이야기를 볼 수 있다. 『상윳타니카야』의 Kutūhalasālāsutta에서 나타난 왓차곳타(Vacchagotta)와의 대화에서 붓다는 불과 연료의 이러한 관계를 이용하여 다음과 같이 설명하고 있다.

> 의심할 만하다, 왓차여. 회의(懷疑)를 품을 수 있다. 회의가 있는 부분에서 의심이 생겨난다. 사실상 나는 연료가 있으면 윤회가 있고 연료가 없으면 윤회가 없다고 선언했다. 마치, 왓차여, 불이 연료가 있으면 타오르고 연료가 없으면 꺼지는 것처럼, 연료(upādāna)가 있으면 윤회가 있고 연료가 없으면 윤회는 없다고 이야기 할 수 있다.

또한 『맛지마니카야』의 Dhātuvibhaṅgasutta에서는 이러한 불과 연료의 관계가 기름램프에서 기름 및 심지와 불의 비유를 통해서 깨달음을 얻은 승려는 자신의 신체가 해체되었을 때 새로운 생(生)을 받지 않고 윤회하는 세계를 떠나갈 것이라고 이야기하고 있다.

> 마치 기름램프가 기름과 심지 때문에 타오르고 기름과 심지가 다 떨어지고 더 이상 공급되지 않으면 그 [램프가] 연료가 부족해서 꺼지는 것(anāhāro nibbāyati) 과 같이 …

'불의 소멸'을 이용하여 열반의 경지를 설명하는 부분은 네 가지 유형의 10가지 혹은 14가지 대답되지 않은(avyākata) 질문들에 관한 붓다와 왓차곳타의 대화에서도 나타난다. 서론에서 언급한 『맛지마니카야』의 Aggivacchagottasutta의 왓차곳타와의 대화에서 비록 직접적으로 '여래의 사후' 상태에 관해 직접 대답하지 않지만, 연료가 없어서 불이 꺼진다는 대답을 유도해 내고 이를 통해 열반이 우리를 윤회하는 세계에 머무르게 하는 번뇌 행위 등과 같은 연료가 없어져서 더 이상 윤회하는 세계로 돌아오지 않는다는 것을 보여주고 있다.

이처럼 '불의 소멸'이란 이미지를 통해 열반을 설명하게 된 배경에는 후대에 대기설법으로 규정된 붓다의 독특한 대화법이 자리 잡고 있는 것처럼 보인다. 팔리어경전에 표현된 붓다의 모습을 보면 추상적인 개념들로 이론을 토론하는 것을 선호하지도 않고 먼저 논쟁을 끌어내려고도 하지 않지만, 어쩔 수 없이 이론적인 충돌이 일어나면 직접 부딪히기 보다는 대기설법으로 상대를 설득하려는 경향을 보이고 있다(Gombrich, 1996: 16-17). 아마도 슈레이더는 동일한 '불의 소멸'이란 이미지를 사용하지만 더 이상의 연료가 남지 않아서 불이 꺼진다는 점을 부각시켜 우파니샤드와 다른 의미를 끌어내고 있는 붓다의 의도와 방법론을 충분히 이해하지 못한 것으로 보인다. 하지만, 붓다 이후 붓다의 이러한 의도와 방법론에 대한 기억이 희미해져 가고 인도사상과 불교가 서로 영향을 주고받으면서 '불의 소멸'이란 이미지는 점차적으로 붓다가 이야기했던 것과는 다른 맥락에서 이해되기 시작한다.

불의 소멸에 대한 논쟁

붓다 이후 불교는 외적으로 승가 또는 교단의 형태로 발전하면서 점차 비대화되고 내적으로 초기경전의 해석학적 분석을 중심으로 하는 아비달마교학을 통해 붓다의 교설들이 체계화되면서 많은 교리적 사상적인 변화를 겪게 되는데, 승려들에게는 출가 수행의 최종적인 목표로, 재가신도들에게는 불교가 지향하는 이상향으로 소개된 열반 또한 예외가 아니었다. 부파불교 시대에 오면서 붓다에 의해 침묵으로 남겨졌던 열반의 상태는 점차 존재론적으로 보았을 때 어떤 형태로든 존재하는 것이 아닌가 하는 경향을 띠게 되는데, 앙드레 바로(André Bareau)는 부파불교의 많은 학파들 중에서 경량부가 열반의 존재성을 부정하는 거의 유일한 학파임을 밝히고 있다(Bareau, 1955: 285). 경량부와 같은 북방불교의 학파들이 논서의 형태를 통해 자신들의 견해를 피력한다면 남방 테라와다불교는 초기경전에 주석을 붙이는 방법을 통해 자신들의 견해를 간접적으로 피력한다. 앞에서 언급한 아누룻다의 유명한 게송을 주석하면서 테라가타 앗타카타(Theragāthā aṭṭhakathā)는 『숫타니파타(Suttanipāta)』의 「피안품(Pārāyanavagga)」에 나오는 다음의 게송을 인용하고 있다.

> "마치 불꽃이 바람에 흔들리면, 우파시바여, 소멸되고 더 이상 [불꽃으로] 헤아릴 수 없듯이, 성인이 정신적인 부분(nāmakāya)에서 자유로워지면, 소멸되고(atthaṃ paleti) 더 이상 [성인으로] 헤아릴 수 없다."고 세존께서 말씀하셨다(Norman, 1992: 120).

사실상 이 게송은 초기경전에서 거의 유일하게 붓다의 마지막 열반과 관련된 '불의 소멸'을 내적으로 연료가 다 없어져서 소멸하는 것이 아니라 외적으로 바람에 흔들리면서 꺼지는 우파니샤드적인 불의 소멸의 이미지를 통해 설명하고 있다. 여기에서 '소멸되고'를 의미하는 attham paleti는 attham gacchati의 동의어로서, 초기경전에서 atthaṅgama란 명사적 형태로 소멸 또는 파괴를 의미하는 것으로 사용되기도 하고 atthaṅgata란 과거분사적 형태로 suriya와 함께 해가 지는 것을 언급하는 것으로 사용되기도 한다. attha는 범어로 asta로서 집 또는 해가 지는 곳으로 추정되는 서쪽의 산을 의미하며 초기경전에서 '가다'라는 동사 eti(√i, to go)와 함께 이러한 의미로 사용되기도 한다. 이 후자의 의미를 위의 게송의 비유에 대입하면 불은 꺼졌을 때 소멸되는 것이 아니라 집 또는 서쪽의 산과 같은 어떤 곳으로 간다는 의미가 되어 앞에서 살펴본 우파니샤드적인 불의 소멸의 이미지에 접근하는 것이 된다.

사실상 남방 테라와다는 아비담마의 논서 『비방가(Vibhaṅga)』의 주석서인 『삼모하비노다니(Sammohavinodanī)』에서 열반을 다섯 가지 집합체인 오온(五蘊)과는 별개로 존재하는(pāṭiekka) 어떤 것으로 정의한다. 그리고 열반을 초기경전에서 탐냄(rāga), 혐오(dosa), 우둔함(moha)의 소멸로 정의하는 것에 기초하여 비존재로 간주하려는 사람들에게 그 소멸은 '그 [열반으로] 가면서(etam āgamma)' 나타나는 일시적인 현상일 뿐이라고 주장한다. 다시 말해서 요소들이 소멸되는 것은 열반으로 가는 길에 나타나는 단순한 현상일 뿐, 열반 자체는 집 또는 서쪽의 산과 같이(attha) 따로 존재한다고 주장하는 것이 되며, 이는 사실상 앞에서 살펴본 우파니샤드적인 '불의 소멸'의 이미지에 접근한 해석, 즉 슈레이더에 의해 제기된 '불의 소멸'에 대한 인도적 관점을 고스란히 반영하는 해석이 되어버린다.

비록 존재론적 사상적으로는 차이가 나지만 '불의 소멸'이란 이미지에 대한 거의 유사한 접근법이 중현에 의해 『순정리론』에서 제시되고 있다. 중현에 의해 변호되는 설일체유부는 열반을 지혜에 의한 소멸 즉 택멸(pratisaṃkhyānirodha)과 동일한 것으로 간주하면서 '분리(visaṃyoga)'로 정의한다. 비록 지혜에 의한 소멸을 통해 번뇌를 파괴한다고 말하지만, 사실상 삼세에 걸쳐 실체로서 존재하는 번뇌라는 요소는 파괴될 수가 없다. 따라서 이는 어떤 사람이 주체가 되어 객체로서의 번뇌를 소멸(nirodha)시키는 것이 아니라, 득(得, prāpti)이란 '마음과 상응하지 않는 작용(cittaviprayuktasaṃskāra)'을 통해 그 사람으로 명칭 지어진 집합체의 흐름(skandhasaṃtāna, 蘊相續)에 연결된 이 번뇌의 요소(dharma)를 지혜의 힘을 통하여(pratisaṃkhyā) 집합체의 흐름에서 분리(visaṃyoga)시켜 번뇌가 더 이상 이 사람에게서 생주이멸(生住異滅)이란 작용을 찰나 찰나에 반복할 수 없게 만드는 것으로 설명된다. 그리고 이 분리의 결과로 '분리의 득(visaṃyogaprāpti)'이라는 요소(dharma)가 그 사람으로 명칭 지어진 집합체의 흐름에 생겨나게 되며, 이것은 특정한 번뇌에 대한 대치(對治, pratipakṣa)로서 다시는 그 번뇌가 이 사람에게 연결될 수 없도록 해주는 일종의 방패와 같은 역할을 하게 된다. 이 대치가 있는 한 결코 그것에 해당되는 특정한 번뇌가 그 집합체의 흐름에 나타나지 않게(aprādurbhāva) 됨으로 이를 열반으로 간주하는데, 이러한 설일체유부의 열반의 두 가지 단계는 『대비바사론』과 『아비달마구사론』에서 '도둑을 내쫓고 문을 닫는 것'과 '벌레를 병으로 잡은 후 마개를 닫는 것'으로 비유적으로 설명되고 있다.

한편 『아비달마구사론』에서 설일체유부의 한 그룹인 비바사사와 대립하는 학파로 나타난 경량부는 열반을 실체로서 존재하는 것(dravyasat)이 아니라 단순한 명칭으로 존재하는 것(prajñaptisat)으로서 마치 종소리가 울리기 전에 없었고 울리고 나면 없어지는 것처럼, '있었다가 없어지는 것'(paścādabhāva)으로 정의한다(Lamotte, 1988: 611). 그리고 "물질(rūpa)과 느낌(vedanā) 등과 같이 그 자성(svabhāva)이 [직접지각(pratyakṣa)을 통해] 알려 지지도 않고, 그 작용이 시각 기관 등과 같이 [추론(anumāna)을 통해] 알려 지지도 않는다."고 설명한다. 경량부는 자신들의 이러한 열반에 대한 관점의 경전적인 증거를 제시하는 과정에서 이 장의 첫 부분에서 언급된 아누룻다 게송의 마지막 연을 인용하면서 다음과 같이 주장한다.

> "마치 램프가 꺼지는 것(nirvāṇa)과 같이, 그 분의 [마지막] 마음이 자유로워졌다."고 [경전은] 말한다. 마치 램프의 꺼짐이 비존재인 것과 같이 세존의 마음 또한 그와 같이 자유로워진다.

이 부분에 대한 현장(玄奘)의 번역은 범어 원문과는 조금 다르지만 램프가 꺼지는 것으로 이야기 된 '불의 소멸'이란 이미지가 갖는 해석적 문제점을 정확하게 설명해 주고 있다.

> 마치 램프의 꺼짐이 별개로 존재하는 실체(dravyāntara, 別有物)가 없는 불의 소멸로만 간주되듯이, 세존의 [마지막] 마음을 통해 얻은 자유는 모든 집합체(蘊)의 소멸일 뿐이다.

즉 문제의 쟁점은 '불이 소멸'한다고 했을 때 현상적인 불의 소멸의 배후에 마치 『쉬베타쉬바타라 우파니샤드』에서 언급한 불멸하는 본질적인 특성과 같은 어떤 실체를 가정할 수 있는가 없는가 하는 것이 된다. 중현은 『순정리론』에서 아누룻다 게송을 통한 경량부 열반에 대한 비존재적 해석을 세 가지 반론을 제시하면서 반박하는데 우리의 관심을 끄는 것은 다음의 두 번째 반론이다.

더욱이, 경에서 램프의 꺼짐을 언급한 것은 램프의 불빛 이외에 독립적인 요소 즉 무상의 특성(anityatālakṣaṇa, 無常相)이 따로 존재하기 때문이다. 이 의미를 통한다면 어떻게 [경량부에서] 제시한 예가 [우리에게] 모순 될 수 있겠는가? 더욱이 독립적인 요소가 없다고 하더라도 그 [열반]은 비존재일 수 없다. 모든 유위법(saṃskāra)들이 무상한 성질을 갖고 있기 때문이다. 그들의 본체는 결코 비존재가 아니다. 이 말을 고려한다면 [우리의 학설에] 틀림이 없다.

불이 소멸하는 현상의 배후에 독립적인 요소로서 무상의 특성(anityatālakṣaṇa)이 자리잡고 있음으로 현상적인 불의 소멸이 열반의 비존재를 증명할 수 없다고 하는 중현의 논박에 이르면, 연료가 없어져서 자동으로 소멸한다는 점을 강조했었던 초기경전의 '불의 소멸'의 이미지는 완전히 사라지고 현상적인 불은 꺼지지만 그 배후의 본질적인 특성은 결코 소멸되지 않는다고 하는 우파니샤드적 '불의 소멸'의 이미지만 남게 되어 버리는 결과가 되어 버린다. 따라서 슈레이더에 의해 제시된 '불의 소멸'에 대한 인도적 관점은 비록 역사적인 붓다가 가졌을 것으로 추정되는 열반관에는 적용될 수 없지만, 적어도 후대의 테라와다와 설일체유부의 열반관에 있어서는 의미가 통하는 것이 된다.

붓다가 열반의 경지, 즉 '여래의 사후' 상태에 관해 침묵한

이래 이러한 열반의 경지가 어떤 것인지를 해명하려는 무수한 시도들이 있어 왔다. 현대의 불교학자들도 예외가 아니어서 각각 나름대로의 열반관을 가지고 이 문제의 해결을 시도해 왔다. 이들의 열반 해석에 있어서 종종 발견되는 문제점은 그들이 가지고 있는 열반관이 때때로 자신이 가장 선호하는 학파의 열반관만을 반영하고 있다는 점이다. 다시 말해서, 특정한 한 부파의 견해만을 반영하는 열반관을 때때로 초기불교 전체를 대변하는 열반관으로 제시하는 오류를 범하고 있는 것이다. 만일 열반에 대한 연구가 초기경전에만 치우칠 경우 전체적인 열반의 교리적 반전과 변형이 무시될 수 있고 열반에 대한 연구가 아비달마와 논서류에 치우칠 경우 초기경전의 비유적 설명이 가지는 의미와 대기설법 등으로 나타나는 붓다의 방법론 등이 이들의 직역주의적(literalism) 경향 때문에 무시될 수 있다. '불의 소멸'에 의거한 열반의 해석에 대한 분석에서, '소멸된 불꽃은 진짜로 없어지는 것이 아니라 눈에 보이는 불로 나타나기 이전의 근원적이고 순수하며 보이지 않는 상태의 불로 되돌아간다'고 하는 슈레이더의 우파니샤드에 기원한 '불의 소멸'의 이미지에 대한 인도적 관점은 역사적인 붓다의 '불의 소멸'에 대한 이미지와 차이를 가지고 있음에도 불구하고, 사실상 후대 부파불교의 몇몇 학파들에 의해 자신들의 열반에 대한 존재론적 관점을 보호하기 위해 적극적으로 수용되었다는 것이 드러나고 있다. 이는 간접적으로 인도불교의 열반 개념에 대한 총체적인 모습이 인도 정통사상을 포함한 전체적인 조망이 결여되었을 때 얼마나 다르게 해석될 수 있는가를 보여주고 있다.

| 참고문헌 |

Bareau, A.(1955). *Les Sectes Bouddhiques du Petit Véhicule*. Paris: Ecole française d'Extrême-Orient.

Collins, S.(1998). *Nirvana and Other Buddhist Felicities*. Cambridge: Cambridge University Press.

Gombrich, R. F.(1996). *How Buddhism Began*. London: Routledge.

Lamotte, E.(1988). *History of Indian Buddhism*. Louvain-la-Neuve: Université Catholique de Louvain, Institut Orientaliste.

Norman, K. R.(1992). *The Group of Discourses(Suttanipāta)*. Oxford: The Pali Text Society.

Olivelle, P.(1996). *Upaniṣad*. Oxford: Oxford University Press.

03

03

멸진정과 열반

테라와다 주석전통에서 멸진정과 열반

멸진정(滅盡定, Nirodhasamāpatti)은 구차제정(九次第定)의 형태로 정형화된 초기 · 부파불교의 선정수행전통에서 가장 높은 자리를 차지하고 있다. 그럼에도 불구하고 이 선정은 그리피스가 지적하고 있듯이, 불교의 해탈론(soteriology)에 있어서 한 발 비켜서 있다는 느낌을 지울 수 없다(Griffiths, 1986: XV). 멸진정은 '개념과 느낌이 정지된 선정(saṃjñāvedayitanirodha)'으로 지칭되고 해석되면서 개념과 느낌을 포함한 모든 정신현상들이 정지되는 것으로서 칭송되었으며, 때때로 모든 불교 수행자들이 도달해야 될 목표인 열반(nirvāṇa)과 동일시되기도 하였다. 남방불교의 위팟사나(vipassanā) 수행 전통의 도입과 함께 불교의 선정수행에 대한 연구가 활발하게 진행되었고 몇몇 쟁점들에 대한 심도 있는 토의와 여러 가지 담론들이 형성되면서 불교학의 한 분야로서 자리매김하고 있다. '개념과 느낌이 정지된 선정'[想受滅定]의 체험을 '현세에서 경험할 수 있는 무여열반의 일시적 상태'로 보는 경향과 태도는 테라와다의 주석 전통에서 이미 나타나고 있다.

테라와다에서 멸진정은 열반으로 가는 길에 있어서 아주 중요한 부분을 차지하고 있다. 사실상 이 선정은 『청정도론(Visuddhimagga)』에서 붓다고사(Buddhaghosa)에 의해 열반과 거의 동일한 것으로 평가되고 있고, 여기에 대한 주석서 『파라맛타만쥬사(Paramatthamañjusa)』에서 담마팔라(Dhammapāla)에 의해 이 열반(nibbāna)이 무여열반(anupādisesanibbāna)을 지칭하는 것으로 나타나고 있다. 하지만 다음의 담마팔라의 주석을 자세히 보면 그는 이 선정을 열반과 거의 동일시한 붓다고사와 달리, 이 선정을 무여열반과 유사한 것으로 보고 있는 것으로 보인다.

'열반을 얻은 후' 란 '무여열반을 얻은 후'인 듯(viya) 하다.

여기에서 담마팔라는 불변화사 'iva'에 해당되는 'viya'를 사용하고 있다. 이 용어는 선행하는 명사 상당어구를 수식할 때 '마치 ~와 같이' 등으로 해석되지만, 고대 인도어(OIA)에서 be 동사와 함께 술어적으로 사용되었을 때 '~처럼 느껴진다' 등과 같은 의미를 지닌다. 동사가 생략된 전형적인 주석 문장의 형태를 갖추고 있는 위 인용문에서 'viya'를 사용한 담마팔라의 의도는 전자와 같은 단순한 동일화라기보다는 후자와 같은 어떤 개인적인 느낌에 기초한 불확실함의 표현으로 보아야 할 것 같다. 그리피스는 담마팔라와 붓다고사에 있어서 멸진정을 이해하는 방식의 차이를 멸진정과 열반을 거의 유사한 것으로 보는 초기경전의 설명이 후대에 유여열반과 무여열반으로 열반의 개념이 체계화되면서 생겨난 갈등의 표현으로 추정하고 있다(Griffiths, 1986: 30-31).

비록 담마팔라가 어떤 이유로 붓다고사의 단순 동일화에 의문을 갖게 되었는지 정확하게 알 수 없지만, 멸진정을 열반 또는 무여열반과 동일시하는 것에 대해 테라와다 교단 내부에서 이미 상당한 이견이 있었을 것으로 볼 수 있다. 아마도 멸진정을 개념과 느낌을 포함한 모든 정신현상들이 정지되는 것으로 보려 했던 정의가 후대 많은 주석적 문제점들을 일으키고 있었기 때문이었을 것으로 추정된다.

무색계 선정과 열반의 획득

고대 인도의 두 가지 명상 전통에 관한 연구를 진행한 브롱코스트는 자이나 문헌들과 초기 힌두 문헌들에 대한 분석을 바탕으로 초기 자이나 수행전통에서 선정은 신체적 작용과 정신적 작용의 멈춤이라는 최상의 목표의 일부분으로 굶어 죽는 것과 호흡을 멈추는 것을 주요한 특징으로 하고 있으며, 정신적 작용을 멈추기 위해 모든 감각적인 기관을 완벽하게 통제하려 했다는 것을 설득력 있게 보여주고 있다(Bronkhorst , 1993: 53).

여기에 대해서, 슈미트하우젠은 초기불교에서 가장 일반적이고 가장 흔히 나타나는 선정수행이 색계의 사선(四禪)임을 지적하고 있다(Schmithausen, 1981: 203-204). 또한 브롱코스트는 이러한 불교의 색계 사선의 특징을 기쁨(prīti), 즐거움(sukha), 평정(upekṣaka) 등과 같은 느낌을 동반하는 즐거운 경험으로 보고, 고행을 통해 이전의 행위를 소멸시킨다고 하는 초기 자이나교의 괴로움을 동반하는 수행과 대비된다고 하면서 다음과 같이 결론 짓고 있다(Bronkhorst, 1993: 24-30)

> 단식, 마음의 억제 그리고 호흡의 중단 대신 [초기불교의 수행자]는 [색계의] 四禪(dhyāna)을 수행했으며, 모든 감각의 작용을 멈추기 보다는 감각적인 경험들 앞에서 평정을 유지하려 했다.

한편 무색계의 네 가지 선정들[四禪定]은 초기경전에서 기쁨, 즐거움, 평정과 같은 느낌을 동반하는 즐거운 경험으로 묘사되지 않는다는 점에서 색계의 사선(四禪)과 구분되며, 기본적으로 정신현상을 중지시키는 것에 목적이 있는 것으로 보인다(Bronkhorst, 1993: 87). 또한 각각의 선정들에 불교의 외적인 요소들이 포함되어 있는데, '무한한 공간의 영역에 대한 선정(ākāśānantyāyatana)'과 '무한한 의식의 영역에 대한 선정(vijñānānantyāyatana)'의 경우 사실상 자이나에서 높은 단계의 선정으로 이야기되는 '무한성에 대한 선정(anantavartitā)'과 유사하다(Bronkhorst, 1993: 87). 그리고 '어떤 것도 없는 영역에 대한 선정(ākiñcanyāyatana)'과 '개념이 있지도 않고 없지도 않은 영역에 대한 선정(naivasaṃjñānāsaṃjñāyatana)'은 각각 붓다가 깨달음을 얻기 이전의 스승으로 추정되는 아라다 칼라마(Ārāḍa Kālāma)와 라마의 아들 웃드라카(Udraka)에게서 각각 배운 것으로 전해지고 있다. 이 두 사람의 이름은 좀 더 고층을 이루는 율장 대품에서 붓다가 깨달음을 얻은 후 누구에게 가장 먼저 가르침을 전할 것인지를 고민하는 부분에서 다시 나온다. 하지만 여기에서는 단순히 이들의 이름만 언급될 뿐, 어떤 것도 없는 영역에 대한 선정과 개념이 있지도 않고 없지도 않은 선정에 대한 어떠한 언급도 찾아볼 수 없다. 그 이유에 대해 여러 가지로 생각해 볼 수 있을 것이다. 다만, 붓다가 진짜로 이들 밑에서 두 가지 무색계 선정을 수행했을까라는 사실 여부를 떠나서, 적어도 이 두 가지 선정의 수행이 불교 외적인 수행전통에서 들어왔으며 이 선정들을 통해서는 열반이 얻어질 수 없다는 것은 확실히 보여주고 있다고 할 수 있다.

개념과 느낌이 중단된 선정과 멸진정

그렇다면 멸진정(Nirodhasamāpatti)은 어떠한가? 아마도 이 선정은 멸진정으로 불리기 이전에 개념과 느낌이 정지된 선정(saṃjñāvedayitanirodha, 想受滅定)으로 불렸을 것으로 추정된다. 용어 자체로만 보면 이 선정의 상태에서는 어떤 대상에 대해서 즐겁거나, 괴롭거나, 즐겁지도 괴롭지도 않게 느껴졌던 것(vedayita)과 그러한 대상이 언어적으로 개념화 되는 작용(saṃjñā)이 완전히 멈추게 되는 것이다. 따라서 이 선정의 명칭 자체로만 보면 여기에서 멈추는 것은 개념과 느낌이라는 심리적인 상태, 즉 정신현상(caitta)이지 의식(vijñāna), 마음(citta), 정신(manas) 그 자체는 아니다.

그러나 초기경전에 나타난 콧티타(Koṭṭhita)와 사리풋타(Sāriputta)의 대화에서는 이 선정에서 멈추는 것으로 개념과 느낌 이외에 몇 가지를 더 추가하고 있다. 죽은 사람과 느낌과 개념이 정지된 선정에 든 수행자에게 어떤 차이가 있는가 하는 콧티타의 물음에 대해 양자 모두에서 신체적 작용(kāyasankhārā), 언어적 작용(vacīsankhārā), 정신적 작용(cittasankhārā)은 멈추었지만, 죽은 사람과 달리 이 선정에 든 수행자의 '수명은 파괴되지 않았고 체온은 없어지지 않았으며, 다섯 감각기관은 청정하다'라고 사리풋타는 설명하고 있다. 그리피스는 수행자의 이러한 상태를 가장 최소단위의 원자적인 신체적 기능만이 유지되는 상태로서, 재로 잘 덮여져 있어서 겉으로 보기에 마치 꺼진 것처럼 보이지만 여건이 주어지면 다시 타오르는 숯불에 비유하여 설명하고 있다(Griffiths, 1986: 10).

위의 설명에서 우리가 주목해야 할 것은 이 선정에 든 수행자에 있어서 멈추는 것이 단순한 두 가지 정신현상(caitta)에서 신체적 작용(kāyasankhārā), 언어적 작용(vacīsankhārā), 정신적 작용(cittasankhārā)으로 확대되어 있다는 점이다. 이것들은 출라벳달라숫타(Cūḷavedallasutta)에서 담마딘나(Dhammadinnā) 비구니에 의해 신체적 작용은 들숨과 날숨으로, 언어적 작용은 추리(vitarka, 尋)와 궁리(vicāra, 伺)로, 정신적 작용은 느낌(vedanā)과 개념(saṃjñā)으로 설명되고 있다. 담마딘나의 이러한 설명은 테라와다 주석전통에서 붓다고사에 의해 고스란히 받아들여지고 있으며, 유식(唯識) 계열의 『섭대승론석』에서도 느낌(vedanā) 대신 의도(cetanā)가 사용된 것을 제외하면 전체적인 맥락을 유지하면서 받아들여지고 있다. 따라서 초기경전에 나타난 느낌과 개념이 정지된 선정(saṃjñāvedayitanirodha)은 색계의 사선(四禪) 중에서 제 2선의 단계에서 이미 포기된 추리와 궁리가 여기에서 중단된다는 것으로부터 구차제정의 형태로 정립되기 이전에 이미 독자적인 형태를 갖추고 있었을 것으로 보이고, 들숨과 날숨이 중단된다는 것으로부터 호흡을 멈추려하는 자이나적인 요소가 이미 어느 정도 스며 들어 있음을 알 수 있다.

| 참고문헌 |

Bronkhorst, J.(1993). *The Two Traditions of Meditation in Ancient India*. New Delhi: Motilal Banarsidass Publishers.

Griffiths, P.(1986). *On Being Mindless: Buddhist Meditation and the Mind-Body Problem*. La Salle., Ill.: Open Court Publishing Co.

Schmithausen, L.(1981). "On Some Aspects of Descriptions or Theories of Liberating Insight and Enlightenment in Early Buddhism", *Studien zum Jainismus und Buddhismus*. Wiesbaden: Franz Steiner Verlag GmbH.

04

04

수행전통과 열반

멸진정과 선정 전통

개념과 느낌이 정지된 선정(saṃjñāvedayitanirodha)은 아비달마와 부파불교를 거치면서 주로 멸진정(Nirodhasamāpatti)이란 이름으로 나타난다. 사실상 명칭만 달라진 것이 아니라 선정의 내용까지도 달라진 것으로 보는 것이 타당하다. 왜냐하면 중단되는 정신적 작용(cittasankhārā)으로 정신현상(caitta, cetasika)의 범주에 속하는 느낌(vedanā)과 개념(saṃjñā)이 언급되고 있는 것에 반해서, 세친의 『아비달마구사론』에서는 '마음과 정신현상의 소멸(nirodhaś cittacaittānām)'이란 정의를 통해 정신현상 뿐만 아니라 마음의 작용 자체까지 중단되는 것으로 정의하고 있기 때문이다. 이러한 확장적 설명은 설일체유부 및 경량부에 국한된 것이 아니라 테라와다에서도 나타나고 있다. 붓다고사의 『청정도론』에서는 멸진정을 다음과 같이 정의하고 있다.

멸진정(Nirodhasamāpatti)이란 무엇인가? 점차적인 소멸의 힘에 의해서 마음과 정신현상(cetasika dhamma)이 생기지 않는 것(appavatti)이다.

이러한 멸진정의 정의는 부파불교에서 자아(ātman)와 같은 영속적인 실체가 없으면서도(無我) 행위를 한 사람과 그 과보를 받는 사람 사이의 자기동일성은 가능하다는 것을 설명하기 위해 도입된 것이며, 물질적이고 정신적인 흐름(saṃtāna, 相續)이론과 관련해서 정신적인 흐름이 완전히 끊어지는 것으로 이해되기 시작했던 것 같다. 즉 초기경전에 이미 나타난 들숨과 날숨의 중단이라는 자이나적인 요소가 추가되면서, 정신적 작용 또는 정신적 흐름이 완전한 중단된다고 하는 자이나 및 요가적인 요소가 확고하게 멸진정의 설명 속에 자리 잡은 것이라고 할 수 있다. 이는 브롱코스트의 용어를 빌리자면 '주류 선정(禪定) 전통(mainstream meditation tradition)'이 불교적 선정수행에 많은 영향을 주었음을 보여주는 대표적인 예라고 할 수 있을 것이다.

멸진정과 해탈론

멸진정은 불교의 해탈론과 직접 관련되어 있지도 않고 많은 외래적인 요소들을 갖추고 있음에도 불구하고, 어떻게 구차제정의 가장 높은 단계에 위치할 수 있었을까? 초기경전에 나타나는 열반에 대한 언급들과 역사적인 붓다의 마지막 모습에 대한 묘사들을 통한 열반의 체계화가 주로 초기 · 부파불교에서 경전을 전승하고 분석하는 승려들을 중심으로 이루어졌다면, 구차제정의 형태로 선정수행방법론이 체계화되는 과정에서는 주로 선정수행을 중심으로 하는 승려들이 중심이 되었을 것이기 때문으로 보인다. 마치 초기경전에 수많은 불교 외적인 요소들이 붓다의 대기설법(upāya-kauśalya)의 형태를 통해 불교적으로 흡수되었듯이, 브롱코스트에 의해 주류 선정(禪定) 전통으로 규정된 자이나적, 요가적 수행 전통의 초기적 형태들이 불교적 수행전통 속에 흘러 들어왔을 것으로 보인다. 그리고 이러한 외래적 수행 전통은 브롱코스트가 지적한 것과 같이 조금은 난해해 보이는 불교적인 수행전통보다 더 큰 흐름을 형성하고 있었고, '행위로부터 촉발된 괴로움은 행위를 하지 않음을 통해 해결한다'는 간단명료한 메시지를 통해 영향력을 확대해 나갔을 것이다.

따라서 신체적 활동이 최소단위의 원자적인 신체적 기능을 제외하고 거의 중단되면서, 비록 느낌(vedanā)과 개념(saṃjñā)으로 제한되기는 했지만, 어떤 정신적 작용(cittasankhārā)이 중단되는 것으로 초기경전에서 설명된 개념과 느낌이 정지된 선정(saṃjñāvedayitanirodha)은 주류 선정(禪定) 전통의 목표인 모든 정신적인 작용들이 중지되는 선정으로 점차적으로 발전하게 되었고, 따라서 자연스럽게 구차제정의 가장 높은 위치를 차지하게 되었을 것으로 추정할 수 있다.

그리고 이렇게 독자적으로 발전한 양자를 조화시키는 방편의 일환이 아마도 멸진정을 열반과 유사한 것으로 보려는 시도로 나타난 듯 하다. 비록 『청정도론』에 나타난 붓다고사의 느낌과 개념이 정지된 선정(saṃjñāvedayitanirodha)에 대한 설명이 이 선정을 열반과 동일한 것으로 보는 것 같은 인상을 주는 것은 사실이다(Bronkhorst, 1993: 68). 하지만 기본적인 개념규정이 전혀 다른 양자를 붓다고사가 구분하지 못했을리가 없고, 앞에서 언급한 담마팔라(Dhammapāla)의 복주(復註)에서 보여준 불확실성 또한 고려할 필요가 있다. 그리고 이러한 동일화는 필연적으로 열반이란 것이 지혜를 통해서 가능한 것인가, 또는 선정수행을 통해서 가능한 것인가 하는 깨달음의 본성에 관한 논의로 확대되었을 것이기 때문이다(Bronkhorst, 1993: 101-102; La Vallée Poussin, 1937: 189-222).

사실상 자이나 및 요가의 수행적인 입장에서 보면 정신적인 작용이 멈추는 것은 영혼(jīva) 또는 자아(ātman)가 외적, 내적 대상들에 의해 들뜬 상태에서 평정을 유지하는 상태에 이르는 것으로 사실상 이들의 정신적 수행의 목표가 된다. 특히 정신적인 작용과 함께 육체적인 작용을 완전히 멈추어 더 이상의 행위를 만들지 않고, 이미 있는 행위들을 고행을 통해 제거한다고 하는 자이나의 해탈론의 경우, 모든 정신적인 작용이 정지하는 선정이 가장 높은 자리를 차지할 수밖에 없다.

선정수행을 중심으로 하는 승려들의 입장에서 보면, 비록 이 선정이 직접적으로 열반을 가져다준다고 하기는 어렵지만, 적어도 이 선정을 통해서 도달한 경지가 열반과 유사한 것이라는 설명을 통해 자신들이 확립한 구차제정의 최고단계 선정이 합리화될 수 있을 것으로 보았을 것이다. 『아비달마구사론』은 멸진정에서 깨어난 수행자가 가졌을 것으로 보이는 생각을 다음과 같이 전하고 있다.

> 오! 멸진정(nirodhasamāpatti)은 평온(śānta)하고, 오! 멸진정은 열반과 유사(sadṛśī) 하구나.

물론 모든 정신적인 작용이 멸진정에서 중단되는데 어떻게 수행자가 평온(śānta)하다는 느낌을 가질 수 있겠느냐는 반박이 가능하겠지만, 이러한 선언을 통해 우리는 멸진정을 적어도 열반과 유사한 위치에 놓고 싶어 했던 끊임없는 노력의 한 단면을 볼 수 있다.

멸진정과 열반의 논쟁자

멸진정(nirodhasamāpatti)은 초기경전에 나타나는 두 가지 열반, 즉 유여열반(saupādisesanibbāna)과 무여열반(anupādisesanibbāna)의 관점에서 보았을 때 어느 쪽에 더 가까운 것일까? 또한 어떤 관점으로부터 붓다고사에 의해 열반과 거의 유사한 것으로 해석된 이 선정이 담마팔라에 의해 무여열반과 유사한 것으로 간주되게 되었을까? 테라와다의 주석 전통에서는 'upādi'가 더미[蘊]를 지시하는 것을 고려하여, 유여열반과 무여열반을 붓다의 일생에 있어서 가장 중요한 두 가지 사건인 깨달음과 마지막 열반에 해당되는 것으로 본다. 전자는 비록 탐냄, 혐오, 우둔함과 같은 번뇌들은 소멸되었지만(nibbāna) '나'라는 존재를 구성하는 더미[蘊]들은 아직까지 남아있는 상태(sa-upādhisesa)로서 번뇌의 소멸(kilesa-parinibbāna)이다. 그리고 후자는 모든 번뇌들이 이미 소멸된 상태에서(nibbāna) 남아있던 더미[蘊]마저 완전히 소멸된 상태(an-upādhisesa)로서 더미[蘊]의 소멸(khandha-parinibāna)이라고 설명한다. 물론 내용적으로 많은 차이를 가지지만 유여열반을 깨달음으로 보고 무여열반을 마지막 열반으로 보는 것은 부파불교의 교단들 사이에서 큰 이견 없이 받아들여지고 있다.

사실상 테라와다 주석 전통에서는 여기에서 한발 더 나가 유여열반을 아라한(arhant)과 동일한 것으로 보려한다. 테라와다의 두 번째 아비담마 논서인 『비방가』의 주석서 『삼모하비노다니』에서는 논쟁가(Vitaṇḍvādin)들과의 열반의 본성에 대한 논쟁이 소개되고 있다. 열반을 탐냄, 혐오, 우둔함의 소멸로 정의하는 것으로부터 열반이란 단순한 소멸에 불과하다는 논쟁가들의 주장에 대해서, 테라와다는 탐냄, 혐오, 우둔함의 소멸이란 정의가 열반뿐만 아니라 아라한에도 동일하게 적용된다는 점을 들어 반박한다. 그리고 테라와다의 정설로서 이러한 소멸은 '그 [열반]으로 가는데'(etam āgamma) 나타나는 일시적인 현상일 뿐이며 열반 자체는 다섯 더미[蘊]와는 별개로 존재하는 (pāṭiekka) 어떤 것으로 설명한다(Ñyāṇamoḷi, 1996: 576-581).

논쟁가(Vitaṇḍvādin)의 단멸론적인 열반관에 반박하는 경전적인 근거로서 이들은 탐냄, 혐오, 우둔함의 소멸이 동일하게 열반(nibbāna)과 아라한(arhant)에 적용되는 『상윳타니카야』의 Jambukhādakasutta와 그 다음의 경을 제시하면서 성공적으로 방어한 것처럼 보인다. 하지만 테라와다 주석전통은 그 대가로서 열반을 아라한과 동일한 것으로 보아야하는 부담을 안게 되었다. 두 가지 열반 중에서 아라한이 죽은 다음에 성취되는 무여열반과 동일시 될 수 없음으로 자연스럽게 유여열반이 아라한과 동일한 것으로 간주되었을 것이다. 따라서 이들은 유여열반을 아라한과 동일한 것으로 보면서 붓다의 깨달음 이후 마지막 열반에 들기 전까지의 단계로 보는 입장을 취할 수밖에 없었던 것으로 추정된다.

피터 하비는 테라와다의 주석전통이 아라한과 열반을 동일한 것으로 보는 입장을 지지하고 있는 것에 반해서 초기경전은 이들을 다른 것으로 보고 있음을 지적하고 있다(Hervey, 1995: 182~183). 사실상 유여열반이란 탐냄, 혐오, 우둔함이 소멸되는 경험으로서(Gombrich, 1988: 64), 이 경험의 결과로 자신이 더 이상 끝없는 윤회를 계속하지 않을 것이란 점을 명확히 아는 것(Norman, 1993: 214)을 통해 아라한이 된다고 볼 수 있다. 기본적으로 유여 · 무여열반이 '불의 자동적인 소멸(nirvāṇa)'에 비유된다는 점으로부터 열반은 아라한에게 지속적으로 유지되는 어떤 것이 아니라, 아라한이 되기 직전에 했을 것으로 보이는 모든 번뇌가 소멸되는 경험을 지칭했을 가능성이 더욱 높다. 그리고 이러한 입장은 부파불교에서 정형화된 유여열반과 무여열반에 대한 설명에서 아직까지 수명이 파괴되지 않았다거나 다섯 가지 감각적 기관이 파괴되지 않았다고 하는 설명들을 통해서 확인할 수 있다. 즉, 이러한 유여열반과 아라한의 동일화는 테라와다 주석전통에 의한 부분적인 견해일 뿐 초기 · 부파불교의 전체적인 견해로 결코 간주될 수 없다.

그렇다면 이들의 이러한 유여열반과 아라한의 동일화가 '멸진정' 또는 '개념과 느낌이 정지된 선정(想受滅定)'에 어떤 영향을 미치게 되었을까? 모든 정신적인 활동이 정지된 것으로 정의된 이 선정은 아직까지 의식적인 활동이 이어지고 있는 아라한의 경지와 결코 동일시 될 수 없게 되었으며 따라서 자연스럽게 '현세에서 경험할 수 있는 무여열반의 일시적 상태' 로 간주되기 시작했을 것으로 보인다.

멸진정을 유여열반보다 무여열반에 가까운 것으로 보려는 경향은 이 선정에 대한 이해가 주류 선정(禪定) 전통의 영향 하에 놓여 있음을 보여주는 한 단면이라고 할 수 있다. 자이나로 대표되는 주류 선정 전통에서 해탈이란 살아서는 불가능하며 죽음을 통해서만 가능한 것으로서 무여열반을 중시하지만 불교의 경우 '현생에서(diṭṭhe va dhamme)' 모든 번뇌가 제거되었음을 유여열반을 통해 경험하여 자신이 죽은 후 더 이상 새로운 생을 받지 않을 것이란 것을 안다는 것에 사실상 해탈의 초점이 맞추어져 있다. 그리고 이러한 멸진정의 외적 영향에 대한 불교 내부의 반발이 멸진정에서도 여전히 마음의 작용이 계속되고 있다는 문제제기를 통해 유심 · 무심 논쟁의 형태로 발전되었을 것으로 추정할 수 있다(Griffiths, 1986: 60-75). 멸진정에서도 정신적 작용이 끊어지지 않고 계속된다는 것은 주류 선정(禪定) 전통의 입장에서 보면 사실상 한발 뒤로 물러서는 것이다. 요가행자(Yogācāra)들로까지 불렸던 유식학파(Vijñaptimātra)가 이 논쟁을 통해 자신들의 알라야식(ālayavijñāna)의 존재를 증명하고 유심(唯心)의 입장으로 돌아서게 되는 기나긴 과정은, 주류 선정(禪定) 전통에 치우친 멸진정에 대한 이해가 다시 느낌과 개념이 정지된 선정(saṃjñāvedayitanirodha)이란 명칭에 입각한 불교적 선정 전통으로 되돌아오는 것으로도 볼 수 있을 것이다.

| 참고문헌 |

Bronkhorst, J.(1993). *The Two Traditions of Meditation in Ancient India*. New Delhi: Motilal Banarsidass Publishers.

Gombrich, R. F.(1988). *Theravāda Buddhism: A Social History from Ancient Benares to Modern Colombo*. London: Routledge & Kegan Paul.

Griffiths, P.(1986). *On Being Mindless: Buddhist Meditation and the Mind-Body Problem*, La Salle., Ill.: Open Court Publishing Co.

Harvey, P.(1995). *The Selfless Mind, Personality, Consciousness and Nirvāṇa in Early Buddhism*. Surrey: Curzon Press.

La Vallée Poussin, L.(1937). "Musīla et Nārada", *Mélanges Chinois et Bouddhiques* 5.

Norman, K. R.(1993). "Mistaken Ideas about Nibbāna", *The Buddhist Forum* Vol 3.

Ñyāṇamoḷi, B.(1996). *The Path of Purification*. Berkeley: Shambhala.

05

05

아비달마의 열반해석

열반과 upadhi

초기 인도불교에서는 일반적으로 열반(nirvāṇa)을 'upadhi가 남아있는 열반(sa-upadhiśeṣa-nirvāṇa, 有餘依涅槃)'과 'upadhi가 없는 열반(nir/an-upadhiśeṣa-nirvāṇa, 無餘依涅槃)'의 두 가지로 나누어 설명하고 있다. 대승불교에 오면서 '머무름이 없는 열반(apratiṣṭhitanirvāṇa, 無住處涅槃)'과 '본래부터 자성이 깨끗한 열반(anādikālikaprakritiśuddha-nirvāṇa, 本來自性淸淨涅槃)'이 추가되면서 열반은 세 가지 또는 네 가지로 분류하여 설명한다. 무착의 『섭대승론(Mahāyānasaṃgraha)』에서는 '머무름이 없는 열반'을 부파불교와 대승불교를 구분하는 열 가지 차이점 중의 하나로 언급하고 있으며(Lamotte, 1973: 8), 『성유식론(Vijñaptimātrarāsiddhi)』에서는 '머무름이 없는 열반'에 '본래부터 자성이 깨끗한 열반'을 추가하여 열반을 네 가지로 구분하여 설명하고 있다(La Vallée Poussin, 1928: 670-676).

하지만 인도 부파불교를 대표하는 학파인 설일체유부, 경량부, 테라와다는 열반을 두 가지로 분류하고 'upadhi가 남아 있는 열반'을 통해서 붓다가 깨달음에 이르는 과정을 설명하고 'upadhi가 없는 열반'을 통해서 붓다가 윤회하는 세계에서 마지막으로 떠나가는 것을 설명한다는 점이 대체로 일치하고 있다. 하지만 이 설명은 두 가지 열반을 구분하는 열쇠로서 불교혼성범어 전통에서 upadhi로 표기되고 팔리어 전통에서 upādi로 표기되며 현장에 의해 '의(依)'로 번역된 용어가 가지는 중요한 주석적인 문제점을 내포하고 있다.

팔리어 전통에서 upādi는 주로 '나머지, 잔여' 등을 의미하는 sesa와 함께 복합어의 형태로 나타나는데, 독립적으로는 upa–ā–√dā(to give)란 동일한 어원에서 파생된 upādāna의 형태로 나타나며, 불교혼성범어 표기와의 유사점에도 불구하고 upa√dhā(to put)를 어원으로 하는 팔리어 upādhi와는 구분된다. 이 용어는 객관적으로는 어떤 활발한 작용이 계속 진행되도록 하는 물질적인 토대란 어원에 기초한 '연료, 공급, 제공' 등을 의미하고, 주관적으로는 불이 계속 타오르기 위해 연료에 의지한다는 관점으로부터 '의지하다, 잡다, 지탱하다, 집착하다' 등의 의미를 지닌다. 사람이 계속 살아가기 위해 먹을거리 등에 의지한다고 말할 수 있듯이, 윤회의 과정이 계속 진행되기 위해서 이것에 의지해야 한다는 점으로부터 때때로 이 용어가 윤회의 원인을 지칭하는 것으로 간주되기도 한다.

불교가 체계화 되어가면서 upādāna는 주로 이러한 주관적인 관점에서 사용되었는데 애욕에 대한 집착(kāmupādāna), 잘못된 견해에 대한 집착(diṭṭhupādāna), 규칙과 제식에 대한 집착(sīlabbatupādāna), 자아의 믿음에 대한 집착(atta-vādupādāna)의 네 가지 집착을 지시하는 것으로 해석되고 있다. 하지만 부파불교 시대에 일반적으로 통용되었을 것으로 추정되는 '집착'이란 주관적인 의미를 두 가지 열반 개념에 적용하면 'upadhi가 남아있는 열반'은 아직까지 집착이 남아있다(saupādisesa)는 점으로부터 아직까지 번뇌의 찌꺼기들이 조금은 남아있는 상태인 불환(anāgāmin)으로, 그리고 'upadhi가 없는 열반'은 더 이상의 집착이 남아있지 않다(anupādisesa)는 점으로부터 모든 번뇌의 찌꺼기들이 소멸한 상태인 아라한(arahant)으로 해석되어 버리는 문제점이 생긴다. 다시 말해서 upadhi란 용어를 통해서 깨달음에 이르는 과정과 마지막 열반에 이르는 과정이 구분되어야 함에도 불구하고, 양자 모두가 이미 모든 집착 또는 번뇌와 같은 심리적인 불안정 상태에서 떠나가 있는 상태라는 점에서 집착이란 주관적인 의미를 통해 더 이상 두 가지 열반 사이의 차이를 설명하지 못하는 것이 되어 버리는 것이다. 사실상 설일체유부의 아비달마 논서인 『발지론』의 방대한 주석서인 『대비바사론』에서는 이러한 문제점에 대한 고민의 흔적이 발견되고 있다.

『대비바사론』에 나타난 upadhi의 의미

설일체유부의 아비달마 전통에서 두 가지 열반에 대한 언급은 일곱가지 아비달마 논서들 중에서 가장 후대에 형성되었을 것으로 추정되는 『발지론』에 이르러 처음으로 언급되고 그 주석서인 『대비바사론』에 상세하게 나타나고 있다. 『대비바사론』에서는 설일체유부의 존재론적 체계 하에서 『발지론』에 나타난 두 가지 열반에 대한 언급을 해석하면서 문제가 되는 용어인 upadhi 즉 '의(依)'에 대해 각각 다음과 같이 주석하고 있다.

> 'upadhi가 남아있는(saupadhiśeṣa)'이라고 했을 때, upadhi에는 '번뇌(kleśa, 煩惱)'로서의 upadhi와 '태어날 때 받은 몸(janmakāya, 生身)'으로서의 upadhi란 두 가지 종류가 있다. [upadhi가 남아있는 열반을 얻은] 아라한에 있어서 '번뇌'로서의 upadhi는 없지만 '태어날 때 받은 몸'으로서의 upadhi는 아직 남아 있다. 또한 upadhi에는 염오된(kliṣṭa) upadhi와 염오되지 않은 upadhi란 두 가지 종류가 있다. [upadhi가 남아있는 열반을 얻은] 아라한에 있어서 염오된 upadhi는 없지만 염

오되지 않은 upadhi는 아직 남아 있기 때문이다. 'upadhi가 없는(anupadhiśeṣa)'이라고 했을 때, 두 가지 upadhi 모두 없다 … [upadhi가 없는 열반에는] 번뇌로서의 upadhi도 없고 태어날 때 받은 몸으로서의 upadhi도 없다. 또한 [upadhi가 없는 열반에는] 염오된 upadhi도 없고 염오되지 않은 upadhi도 없기 때문이다.

언뜻 보기에 첫 번째 설명에서 당시 upadhi의 일반적인 의미로 받아들여졌을 것으로 추정되는 '집착'과 유사한 용어인 '번뇌'가 사용되어 두 가지 열반이 설명되고 있는 듯하지만, 양자 모두에서 '번뇌로서의 upadhi'가 없는 것으로 설명된다는 점에서 upadhi의 주관적인 의미는 두 가지 열반의 구분에 있어서 아무런 역할을 하지 못하고 있다. 그리고 두 번째 설명에서 upadhi 자체를 염오된 것과 염오되지 않은 것으로 나누어 설명하고 있지만 여기에서도 양자를 구분하는 기준이 되는 것은 '염오된 upadhi'가 아니라 '염오되지 않은 upadhi'라는 점에서 번뇌 또는 집착과 같은 주관적이고 어떤 심리적인 불안정 상태를 지시하는 것으로 upadhi를 해석하기는 어렵게 된다.

다시 말해서 『대비바사론』은 두 가지 열반의 해석에 있어서 기존의 upadhi의 주관적 의미를 포기하고 '태어날 때 받은 몸(janmakāya, 生身)'이란 새로운 의미를 추가하여 사실상 이를 통해 양자를 구별하여 설명하고 있는 것이다. 따라서 비바사사의 논사들은 '태어날 때 받은 몸'을 두 가지 열반이란 맥락에서 upadhi가 사용되었을 때 이 용어가 지시하는 것으로 해석하고, 바로 이것이 'upadhi가 남아있는 열반'에서도 파괴되지 않고 남아있는 것으로 본다고 할 수 있다.

그렇다면 이렇게 upadhi를 기존의 의미와는 다른 '태어날 때 받은 몸'이란 해석이 설일체유부의 체계에서 어떻게 가능하게 된 것일까? 어떤 과정을 거쳐서 이러한 설명이 합리화되었을까? 여기에서는 그 해답을 'upadhi가 남아있는 열반'의 해석을 둘러싼 초기 인도불교의 교리적 주석적 문제점들과 그 해결책들을 『이티붓타카(Itivuttaka)』로부터 설일체유부의 아비달마 논서인 『발지론』과 그 주석서인 『대비바사론』으로 이어지는 과정을 통해 교리 발전사적 관점에서 살펴볼 수 있다.

다섯 감각기관(pañcaindriya)과 수명(āyus)

곰브리치는 초기경전에서 upādi가 두 가지 열반의 맥락에서 사용되었을 때 이 용어는 불의 소멸이란 이미지를 통해 열반을 설명하는 메타포의 일부로서 주관적인 의미가 아니라 객관적인 의미로 땔감 등과 같은 연료를 지시한다고 주장하고 있다(Gombrich, 1996: 68-69). 이때 땔감이란 의미는 다섯 집합체[五蘊]와 연결된다. 초기 팔리어경전에서 종종 나타나는 upādāna-kkhandhā란 표현은 한역경전에서 주로 오취온(五取蘊)으로 번역되고 있다. 곰브리치는 upādāna는 객관적인 의미로서 연료 또는 땔감이란 의미를 지니는 것으로 보아야 하며, upādāna-kkhandhā는 '연료로서의 다섯 집합체'으로 해석하는 것이 바람직하다고 본다. 사실상『상윳타니카야』의 Ādittasutta에서는 다섯 집합체[五蘊]를 연료 또는 땔감으로서 탐냄, 혐오, 우둔함이란 세 가지 불꽃의 연료로 함께 타오르는 것으로 비유적으로 설명되고 있다.

그렇다면 연료라는 upādi 또는 upadhi의 객관적인 의미를 두 가지 열반에 적용하면 어떻게 될까? 'Upādi가 남아있는 열반(saupādisesanibbānadhātu)'은 탐냄, 혐오, 우둔함이라는 세 가지 불은 꺼졌지만 아직까지 그 연료가 되는 다섯 집합체[五蘊]가 남아있는 상태로서 모든 번뇌의 소멸(kilesa-parinibbāna)을 통해 깨달음을 얻는 것이 되고, 'upādi가 없는 열반(anupādisesanibbānadhātu)'은 탐냄, 혐오, 우둔함과 같은 번뇌들이 이미 소멸된 상태에서 아직까지 남아있던 다섯 집합체[五蘊]가 마지막으로 소멸(khandha-parinibāna)하는 상태로 윤회하는 세상에서 마지막으로 떠나가는 것을 지칭하는 것이 된다. 따라서 이 설명은 upādi가 집합체[蘊]

를 지시하는 것으로 보면서 두 가지 열반을 붓다의 일생에 있어서 가장 중요한 두 가지 사건인 깨달음과 마지막 열반에 해당되는 것으로 해석하는 테라와다의 주석전통과 일치하고 있다.

하지만 이러한 설명은 초기경전에서 메타포를 통해 간접적으로 추정되고 있을 뿐 직접적으로 설명되고 있지 않는 문제점을 지니고 있다. 비록 두 가지 열반이 용어로서 현존하는 네 가지 한역 아함경과 팔리 니카야(nikāya)에서 언급되고 있지만, 이들을 구체적으로 설명한 것은 『이티붓타카』에서 처음으로 나타난다. 이 경에서는 모든 불순한 찌꺼기들이 소멸된(khīṇāsavo) 아라한으로 'upādi가 남아있는 열반'을 설명하면서 그에게는 다섯 감각기관이 아직 파괴되지 않고 남아 있어서 이를 통해 즐거움과 괴로움 등을 느끼게 된다고 설명한다. 따라서 초기 팔리어 경전은 'upādi가 남아있는 열반'에서도 파괴되지 않고 남아있는 것을 다섯 집합체[五蘊]라기 보다는 다섯 감각기관[pañca-indriya, 五根]으로 보고 있다는 할 수 있다.

한편 두 가지 열반은 설일체유부의 초기와 중기 아비달마논서에서 거의 언급되거나 설명되지 않다가 마지막 아비달마논서인 『발지론』에서 최초로 구체적으로 설명되고 있다. 여기에서는 'upadhi가 남아있는 열반'에서도 파괴되지 않고 남아있는 것을 다섯 집합체[五蘊]도 다섯 감각기관[pañca-indriya]도 아닌 수명(āyus)으로 언급하면서 다음과 같이 설명하고 있다.

> 'Upadhi가 남아있는 열반'이란 무엇인가? 모든 불순한 찌꺼기들이 소멸(kṣīṇāsrava)된 아라한에게 수명(āyus)만은 남아 있다. 아직까지 upadhi가 남아 있음으로 [네 가지] 미세한 요소(mahābhūtāni)와 이차적 물질(upādāyarūpa)의 흐름이 끊어지지 않았고 다섯 감각기관에 의지하고 있는 정신적인 흐름이 계속된다. [이 아라한에게] 모든 속박(saṃyojana)의 완전한 소멸이 얻어지고(prāpta), 소유되고(pratilabdha), 체득되고(spṛṣṭa) 실현됨으로(sakṣākṛta) 'upadhi가 남아있는 열반'이라 한다.

비록 『이티붓타카』에서와 같이 다섯 감각기관이 언급되고 있지만 이 설명에서 처음으로 언급되는 것은 수명(āyus)이다. 그렇다면 수명은 어떻게 두 가지 열반의 맥락 속에 들어오게 된 것일까? 아마도 이점은 팔리어 소부 경전에 포함되어있는 『페타코파데사』의 언급을 통해 추정할 수 있을 것이다. 여기에서는 수명이 『발지론』에서와 같이 'Upadhi가 남아있는 열반'의 설명에서 나타나지 않고 'upadhi가 없는 열반'의 설명에서 나타나고 있다.

상식적으로 보았을 때 'upadhi가 없는 열반'이 윤회하는 세상에서 마지막으로 떠나가는 것으로 간주된다면, 수명이 완전히 파괴되거나 정지되지 않고는 불가능한 것이 된다. 따라서 처음에 수명은 'upadhi가 없는 열반'에 드는 과정이 처음에 어떻게 시작되는가를 설명하는 과정에서 『페타코파데사』에서 보이는 것과 같이 사용되었을 것이다. 그리고 이 수명의 있음과 없음이 당시 일반적으로 받아들여지던 두 가지 열반의 차이를 간단명료하게 잘 설명하고 있는 것으로부터 이 용어가 점차 'upadhi가 남아있는 열반'에까지 확대되어 사용되었으며 설일체유부에서 적극적으로 채택되어 『발지론』에 수록 된 것으로 추정할 수 있다.

바수미트라의 『이부종륜론(Samayabhedoparacanacakra)』에 언급되듯이 설일체유부는 때때로 '원인을 이야기하는 사람들(hetuvāda, 說因部)'로 불렸는데 현상을 원인과 결과의 관계를 통해 설명하는 것에 익숙한 이들의 성향 또한 중요한 역할을 했을 것으로 보인다. 사실상 수명(āyus)은 『맛지마니카야』의 Mahāvedallasutta에 나타나는 마하꼿티히타(Mahākoṭṭhita)와 사리풋타(Sāriputta)의 대화에서 다섯 가지 감각기관(indriya)의 안정성을 담보해 주는 토대로서 언급되고 있다. 또한 초기경전의 여러 부분에서 수명(āyus), 체온(usmā), 의식(vijñāna)이 신체를 떠나면 이것은 다른 동물들의 먹이나 나무 막대기에 불과할 것이라고 설명하는데 『아비달마구사론』은 이 게송을 근거로 이들 셋이 상호 의존하는 관계에 있는 것으로 보고 있다. 수명과 상호의존하는 관계에 있는 의식이 그 대상(viṣaya)과 기관(indriya)을 조건으로 한다는 점으로부터 수명은 자연스럽게 다섯 감각기관과 연결되고 있는 것이다. 이러한 점에서 『발지론』의 저자는 『이티붓타카』의 다섯 감각기관을 통한 'upādi가 남아있는 열반'에 대한 설명을 이미 알고 있었을 것으로 추정할 수 있다. 하지만 아직까지 이 수명만으로는 『대비바사론』의 주석에서 두 가지 열반의 맥락에서 upadhi가 지시하는 것으로 앞에서 언급된 '태어날 때 받은 몸(janmakāya, 生身)'이란 의미를 구체화시키지 못하고 있다.

명근(jīvitendriya)과 중동분(nikāyasabhāga)

『발지론』에 나타난 두 가지 열반에 대한 설명은 『대비바사론』에서 본격적으로 설일체유부의 아비달마적 체계에 따라 구체적으로 해석되는데, 수명(āyus)은 여기에서 좀 더 설일체유부의 전문 아비달마적인 용어인 명근(命根, jīvitendriya)과 중동분(衆同分, nikāyasabhāga)으로 해석되면서 다음과 같이 다시 주석된다.

> 수명이라 했을 때, 명근(命根, jīvitendriya)을 지시한다. 그렇다면 [『발지론』에서] 중동분(衆同分, nikāyasabhāga)은 왜 언급되지 않았는가? 아마도 저자가 그렇게 의도했기 때문일 것이다. 또한 '남아 있는(sa-śeṣa)'이란 용어로부터 그 의미가 알려지기 때문에 언

급하지 않았을 것이다. 또한 명근과 중동분 모두는 새로운 생을 산출하는 업(ākṣepakakarman)의 결과이다. 명근은 전적으로 다르게 성숙(vipāka, 異熟)하기 때문에 그 [수명] 만이 홀로 설명되었다.

설일체유부의 아비달마적 체계화란 관점에서 보았을 때 수명을 『품류족론』과 『아비달마구사론』에서 '삼계(三界)의 수명(āyu)'으로 정의되는 명근을 지시하는 것으로 해석하는 것은 아주 자연스러우며 앞에서 언급한 『페타코파데사』에서도 두 가지 열반의 맥락에서 명근이란 용어가 나타나는 것으로 보아 당시의 일반적인 경향으로 볼 수도 있을 것 같다. 하지만 중동분의 경우는 여기에서도 보듯이 세 가지 다른 설명들을 통해 합리화 하려고 노력하고 있는데, 이러한 설명은 사실상 설일체유부에 국한된 것으로서 이들의 아비달마적 체계화가 어떻게 이루어졌는가를 잘 보여주는 실례가 된다.

명근(jīvitindriya)은 원래 팔리어 경전에서 남성기관(purisindriya), 여성기관(itthindriya)과 함께 언급되었는데, 이 셋 모두는 인도불교에서 일반적으로 나타나는 22가지 지배기관에 포함되어 나타난다(Cox, 1995: 125). 초기 아함 전통에서 명근의 특성과 역할은 명확하게 설명되어 있지 않지만 주로 죽음과 주어진 삶의 중단과 관련하여 종종 나타나고 있다. 이러한 상황은 설일체유부의 초기 아비달마 논서인 『법온족론(Dharmaskandhapādaśāstra)』에서도 크게 달라지지 않는데 여기에서 명근은 의식이 있는 존재가 유지되고 계속되고 지속되고 살아가고 작용하도록 하는 기관으로 해석되고 있다.

명근을 수명(āyu)과 연결시키려는 시도는 설일체유부의 중기 아비달마 논서인 『품류족론』에서 명근을 '삼계(三界)의 수명'으로 정의하면서 처음 나타나고 있다. 비록 『아비달마구사론』과 동일한 정의가 여기에서 사용되었지만, 후자에서와 같이 22가지 지배기관 중의 하나로 정의된 것이 아니라 14가지 마음과 상응하지 않는 작용(cittaviprayuktasaṃskāra)들 중의 하나로서 언급되는 차이가 있다. 한편 『대비바사론』에 오면 이 '삼계의 수명'이란 정의가 22가지 지배기관들에 대한 설명과 14가지 마음과 상응하지 않는 작용들에 대한 설명 모두에서 나타난다. 다시 말해서 『대비바사론』에 오면 명근과 수명이 완전히 통합되면서 명근의 특성과 역할을 수명의 특성과 역할로 설명하게 된다. 명근의 특성과 역할에 대해서 『대비바사론』은 다음의 두 가지 설명을 제시하고 있다.

먼저 명근은 나머지 21가지 지배기관을 가지고 있다는 우리의 삶에 대해 지배적인 힘을 가지며 나머지 21가지 지배기관들이 중단되지 않도록 하는 것에 지배적인 힘을 가지고 있는 것으로 설명되는데, 이 설명이 비바사사의 정론으로 언급된다. 아마도 이 설명은 앞에서 언급한 Mahāvedallasutta에 나타나는 마하곳티히타와 사리풋타의 대화에서 수명이 다섯 감각기관의 의지처가 된다는 것에 기초하여 발전한 것으로 보인다. 두 번째 설명에서 명근은 중동분과 연결을 만드는 것과 중동분을 돕고 보호하고 키우는 것과 중동분이 중단되지 않도록 하는 것에 지배적인 힘을 가지고 있는 것으로 설명된다. 이 두 번째 설명은 명근의 특성과 역할이 나머지 21가지 지배기관들에 대해서가 아니라 14가지 마음과 상응하지 않는 작용(cittaviprayuktasaṃskāra)들 중의 하나인 중동분에 대한 것으로 한정되고 있다. 비록『대비바사론』에서는 이 설명이 하나의 대안으로 제시되고 있지만『아비달마구사론』에서는 22가지 지배기관들을 설명하면서 명근을 이렇게 중동분과 관련하여 이야기하는 두 번째 설명이 채용되고 있다. 따라서『대비바사론』과『아비달마구사론』을 거치는 시기에 명근의 역할에 대한 일련의 변화가 일어났을 것으로 추정할 수 있는데, 초기의 다른 21가지 지배기관들에 관련된 역할이 후에 설일체유부만의 독특한 14가지 마음과 상응하지 않는 작용에 관련된 역할로 변화되었을 것으로 추정할 수 있다. 그리고 이 두 번째 설명에 따르면 중동분 없이 명근만이 독자적으로 존재하는 것은 사실상 무용한 것이 되어 버리기 때문에 이 양자는 종종 분리될 수 없는 것으로 설명하기도 한다.

『대비바사론』의 수명에 대한 주석에서 세 가지 다른 이유들이 제시되고 있지만 'upadhi가 남아있는 열반'에서 파괴되지 않고 남아있는 것에 명근 이외에 중동분을 추가한 진짜 이유는 설일체유부의 아비달마적 체계화 과정에서 생긴 명근의 역할의 변화 때문일 것으로 추정할 수 있다. 그리고 이렇게 추가된 중동분(nikāyasabhāga)을 통해서 비바사사들은 두 가지 열반의 구분에 있어서 upadhi란 용어를 통해서 깨달음에 이르는 과정과 마지막 열반에 이르는 과정이 구분되어야 함에도 불구하고, 집착 또는 번뇌와 같은 당시 일반적으로 통용되던 이 용어의 주관적인 의미를 통해 양자의 차이를 설명하지 못하는 문제점의 해결을 시도하고 있는 것으로 보인다.

설일체유부의 아비달마 논서들에서는 중동분이란 용어가 선호되며 그 역할도 전적으로 새로운 생을 받는 과정과 관련되어 있으며 윤회하는 존재들의 특별한 재생의 상태를 결정하는 요소로서 설명된다. 좀더 경량부의 입장에 가까울 것으로 추정되는 『아비달마구사론』의 2장에서 동분(同分, sabhāga)이란 용어를 사용하여 보편이나 동질성을 담보하는 추상적인 요소로서 이를 통해 어떤 요소들이 동일한 범주나 부류의 일원으로 인식되는 것으로 설명되지만, 『아비달마구사론』의 4장에 나타나는 '하나의 업(karma)이 하나의 생을 산출하는가, 여러 생들을 산출하는가?'에 대한 토의에서 중동분이란 용어가 사용되며 원래 설일체유부의 아비달마적 의미를 유지되고 있다. 이 질문에 대한 설일체유부의 공식적인 입장은 "하나[의 업은] 하나의 생을 산출한다(ekaṃ janmākṣipatyekam)."인데 『아비달마구사론』에서 이 생(janma)을 바로 중동분으로 주석하고 있다. 동일한 입장이 앞에서 인용한 『대비바사론』의 수명에 대한 주석의 세 번째 이유에서 "명근과 중동분 모두는 새로운 생을 산출하는 업(ākṣepakakarman)의 결과이다."라는 주석을 통해서도 확인된다. 다시 말해서 이렇게 추가된 중동분을 통해 『대비바사론』에서 upadhi가 두 가지 열반의 맥락에서 지시하는 것을 '태어날 때 받은 몸(janmakāya, 生身)'으로 해석할 수 있게 되었고 이를 통해 양자의 차이점을 설명할 수 있게 된 것이다.

| 참고문헌 |

Cox, C.(1995). *Disputed Dharmas: Early Buddhist Theories on Existence*. Tokyo: International Institute for Buddhist studies.

Gombrich, R. F.(1996). *How Buddhism Began*. London: Routledge.

Hemilton, S.(2000). *Early Buddhism: A New Approach, The I of the Beholder*. London: Curzon Press.

Hwang, S.(2002). *Metaphor and Literalism: A Study of Doctrinal Development of Nirvana in the Pali Nikāya and Subsequent Tradition Compared with the Chinese Āgama and its Traditional Interpretation*. D.Phil thesis, Oxford Univ.

La Vallée Poussin, L.(1928). *Vijñaptimātratāsiddhi La Siddhi de Hiuan-Tsang*. Paris: P. Geuthner.

Lamotte, E.(1973). *La Somme de Grand Véhicule d'Asaṅga (Mahāyānasaṃgraha)*. Louvain-la-Neuve: Université de Louvain, Institut orientaliste.

06

공간과 열반

열반 개념과 공간구조

앙드레 바로는 무위(asaṃskṛta) 개념의 발달에 관한 자신의 박사논문에서 테라와다 열반(nibbāna)개념의 근저에 어떤 고차원적인 의미에서 공간의 구조가 자리잡고 있다고 주장한다(Bareau, 1951: 31). 그의 주장은 주로 『카타밧투(Kathāvatthu)』에 나타나는 열반이 두 가지일 수 없다는 논증에 기초하고 있는데, 팔리어 주석전통에 의하면 이 논증의 상대는 Mahiṃsāsakas와 AD 5세기에 현재의 나가르쥬나콘다 지역으로 추정되는 안드하카 지역에 있었던 Andhakas로 불리는 대중부 계열의 부파로 추정된다(Aung, 1915: 136). 이들이 택멸(paṭisaṃkhānirodha)과 비택멸(apaṭisaṃkhānirodha)을 모두 열반으로 간주하고 있는 것에 대해서 『카타밧투』는 다음과 같이 반박하고 있다.

두 가지 열반 중에서 하나는 높고 하나는 낮은가, 하나는 좋고 하나는 나쁜가, 하나는 뛰어나고 하나는 열등한가, 그리고 둘 사이에 경계나 차이 또는 선이나 중간이 있는가?

이 반론에서 보듯이 『카타밧투』가 높고 낮음이나 경계 또는 선과 같은 공간 개념과 밀접하게 관련된 용어를 사용하여 반박하고 있어서 앙드레 바로의 주장을 뒷받침하고 있지만, 테라와다 교단 자체에서도 그리고 몇몇 현대학자들에 의해도 이점은 받아들여지지 않고 있다. 많은 인도의 부파들과 달리 테라와다 아비담마에서는 공간(ākāsa)을 무위의 범주에서 완전히 제외하고 있으며, 랑스 카진(Lance Cousins)으로 대표되는 몇몇 현대학자들은 위의 『카타밧투』에 나타난 반론에서 공간 개념을 완전히 분리하려고 시도하고 있다. 카진은 『카타밧투』의 반론은 단순히 보이는 것보다 훨씬 더 섬세한 어떤 것으로 귀류법(歸謬法, reduction ad absurdum)의 형태를 뛰고 있다고 하면서 다음과 같이 주장한다.

정의에 의하면 무위는 어떤 것과도 시간적이거나 특별한 관계를 맺지 않는다. 질적인 면에서 이것은 그 어떤 것 보다 뛰어나다. 여기에 두 가지 무위가 주어진다면 두 가지의 반론이 가능해진다. 첫째, 둘 중 하나 만이 나머지 모두에 대해 뛰어나거나, 다른 하나가 이것 보다 못하거나, 또는 둘이 질적으로 동일할 것이다. 하나가 더 뛰어나다고 한다면 명백히 그것만이 무위이다. 둘째, 두 가지 무위가 있다고 한다면 둘 사이를 분할하는 선이나 구

> 별되는 특징이 있어야 한다. 만일 그렇다면 둘 다 무위일 수 없다. 왜냐하면 그러한 구분이나 분할선의 존재는 둘을 자연스럽게 상대적인 유위의 세계로 끌어 내릴 것이기 때문이다. 물론 구별되는 특징이 없거나 양자가 동일하다면, 두 가지 무위를 이야기하는 것 자체가 쓸모없는 것이 되어 버린다(Cousins, 1983: 104).

물론 이렇게 열반에서 공간 개념을 분리하려고 하는 카진의 주장이 『카타밧투』에서 단순하고 순박하게 나타난 반론의 이면에 숨어 있는 깊은 의미를 드러낸 것일 수도 있겠지만, 그 배후에는 테라와다의 열반 개념이 공간의 구조로부터 정립되었을 것이라는 원하지 않는 결과를 막으려는 노력이 숨어 있는 듯 하다. 그렇다면 도대체 테라와다의 공간 개념과 열반 개념은 어떤 특성을 가지고 있고, 다른 부파 특히 설일체유부와 경량부에 대해 어떤 차이를 가지고 있으며, 어떤 방식으로 양자가 관련되었기에 이러한 문제점을 계속해서 노출시켜 오고 있었을까? 이 문제에 접근하기 위해서는 먼저 5온(蘊), 12처(處), 18계(界)라는 초기 불교의 가장 기본적인 다르마(dharma) 분류체계가 열반에 있어서 어떤 문제점을 일으키고 있는가 하는 문제를 먼저 알아볼 필요가 있다.

5온 · 12처 · 18계에서 무위의 위치

테라와다의 아비담마에서는 열반(nibbāna) 대신 무위(asaṃkhata)란 용어를 주로 사용하는데 택멸, 비택멸, 공간 등 몇몇 다르마를 무위로 간주하는 인도 북부의 학파들에 대해서 오직 열반만을 유일한 무위로 간주하여 양자를 동일시하고 있다. 비록 이렇게 수적으로는 차이가 나지만, 무위를 5온(蘊, skandha)에는 속하지 않으면서 12처(處)의 분류에 있어서 정신정보의 영역(dhammāyatana), 18계(界)의 분류에 있어서 정신정보의 요소(dhammadhātu)에 속하는 담마로 보는 것에 있어서는 테라와다와 설일체유부의 아비달마가 별다른 이견을 보이고 있지 않다. 이러한 예외적인 일치는, 무위를 위와 같이 분류하는 것이 설일체유부와 테라와다가 갈라져 나왔을 것으로 추정되는 분별설부가 갈라서기 이전의 아주 초기 형태의 아비달마에서 이미 확립되었을 것이란 점을 간접적으로 시사하고 있는 듯하다(Bareau, 1955: 168).

무위가 이렇게 이중적으로 분류되게 된 배후에는 열반을 두 가지로 나누어 현생에서의 열반을 유여열반으로, 그리고 죽음과 함께 성취될 수 있는 열반을 무여열반으로 나누어 설명하는 두 가지 열반 이론과 밀접한 관계가 있어 보인다. 어원적으로 보았을 때 우파디(upādi)는 우파다나(upādāna)의 동의어로서 주관적인 의미에서는 '매달림, 집착' 등을 뜻하는 반면 객관적인 의미에서는 '연료, 땔감' 등의 의미를 가지고 있다. 초기경전에서 이 객관적인 의미는 비유적으로 사용되어 탐냄, 혐오, 우둔함으로 대표되는 번뇌의 불꽃을 타오르게 하는 연료로서 5온(蘊)이란 의미를 가지고 사용되었다. 이 후자의 의미를 두 가지 열반에 대입하면 유여열반은 비록 탐냄, 혐오, 우둔함이라는 번뇌의 불은 소멸되었지만 타다 남은 땔감으로서의 5온이 아직까지 남아 있는 상태가 되고, 무여열반은 남아있던 5온이 마지막으로 소멸한 상태가 된다. 따라서 무여열반이 5온의 완전한 소멸로서 5온과는 완전히 다른 어떤 것임으로, 열반은 5온의 범주 안에 분류될 수 없는 것이 된다. 이와 반대로 유여열반은 깨달음을 얻는 순간에 탐냄, 혐오, 우둔함으로 대표되는 모든 번뇌가 소멸된 상태를 체험하는 것(Gombrich, 1988: 64; Norman, 1993: 214)에 주어진 이름, 즉 일종의 '정신정보(dhamma)'로 간주되기 때문에 열반은 12처와 18계의 분류 안에 속하는 어떤 담마(dhamma)가 된다. 하지만 이상의 열반에 대한 범주적 분석이 독립적으로는 성립되지만 하나로 통합했을 때 문제를 일으키게 된다.

초기의 아비달마 논사들은 우리의 정신적 · 물리적 현상을 분석하고 정의하고 분류하는 사람들로서 여기에는 여러 담마들을 하나로 묶을 수 있는 상위 범주가 필요했었고, 초기경전에서 자주 나타나는 5온, 12처, 18계는 그 중에서도 가장 기본적인 범주가 되었는데, 이들의 하위 범주들이 많은 부분에 있어서 서로 겹치고 있었다. 따라서 아비달마의 논사들은 어떻게 이들 중의 한 범주의 하위 범주, 다른 범주의 하위 범주에 대응되는가를 설명하기 시작했다. 예를 들어서 12처, 18계의 정신정보(dhamma)의 범주는 5온의 느낌(vedanā), 지각(saṃjñā), 의지작용(saṃskāra)에 해당된다고 설명하는 것이다. 무여열반의 개념에 근거하여 무위를 5온의 범주에서 제거해 버리면 무위는 유여열반의 개념에 근거한 12처, 18계의 정신정보의 영역 또는 요소로 분류될 수 없다. 그리고 후자의 개념에 근거하여 이를 12처, 18계의 정신정보의 영역 또는 요소로 분류하면 5온과 완전히 별개의 담마로 설명되는 무위가 이 세 가지 분류의 대응 관계에 따라서 5온의 느낌, 지각, 의지작용 중의 하나에 대응되어야 한다.

이렇게 각각의 정의가 상호 충돌하거나 분류해 놓은 범주가 서로 겹치는 경우에 아비달마의 논사들은 이러한 문제에도 불구하고 어떻게 이것이 가능한가를 설명해야만 했었던 것으로 추정할 수 있다. 아마도 이 무위 개념의 문제가 초기불교의 여러 학파들에서 많은 문제를 야기했던 것 같고, 각 학파들 마다 자기들 나름대로의 해결책을 제시해 왔었던 것으로 보인다. 설일체유부의 경우를 예로 들면, 초기에 무위를 5온과는 별개의 어떤 것으로 취급하여 5온과 무위와 병립시켜 설명해 왔던 방식에서 벗어나 중기 아비달마문헌에서부터 무위(asaṃskṛta)를 포함하는 물질(rūpa), 마음(citta), 정신적 작용(caitta), 비정신적 작용(cittaviprayukta)이라는 새롭고 좀 더 포괄적인 5위(pañcavastuka)의 범주를 도입하여 무위의 분류 문제를 해결하고자 한다(Frauwallner, 1995: 145).

아비달마보다는 경(sūtra)의 권위를 우선시하는 경량부의 경우, 앞에서 언급한 설일체유부의 다섯 가지 새로운 카테고리가 초기경전에 나타나지도 않고 비정신적 작용(cittaviprayukta)의 카테고리에 속하는 14가지 담마가 독립된 요소로 받아들여질 수 있는 근거가 전혀 없다는 이유를 들어 이들의 새로운 카테고리를 받아들이지 않고 있다. 바수반두의 경우 『아비달마구사론』에서 가장 중요한 문제인 '무위가 5온에는 속하지 않으면서 어떻게 12처, 18계 분류의 정신정보의 영역 또는 요소로 분류될 수 있는가?' 하는 문제에 대한 적절한 설명을 제시하기 보다는 이 문제를 미해결 상태로 남겨두려 하는 것 같다(La Vallée Poussin, 1923: 81-82). 대신 그는 무위가 12처, 18계 분류에 속할 수 없는 세 가지 이유를 간략하게 제시하고 있는데 "마치 항아리의 끝이 항아리가 아닌 것처럼 5온의 끝은 5온일 수 없다"는 비유를 제시하면서 동일하게 무위는 12처, 18계의 정신정보(dharma)의 영역(āyatana) 또는 요소(dhātu)에 속할 수 없다는 의견을 소개하고 있다. 사실상 이 비유는 설일체유부의 『대비바사론』에서 제시한 무위가 5온에 속할 수 없다는 10가지 이유 중의 하나로서, 바수반두는 이 견해를 『아비달마구사론』에 제시하면서 설일체유부의 이러한 내부적인 혼란을 즐기고 있는 것처럼 보인다. 바수반두는 경량부논사로서 아비달마의 분류체계가 낳은 부작용에 집착하면서 적절한 설명을 만들어야만 할 필요성을 설일체유부의 논사들에 비해 적게 느끼고 있었음이 틀림없다. 테라바딘(Theravādins)은 이 문제를 비록 후대에 속하는 것이지만 무위(asaṅkata)를 포함한 물질(rūpa), 정신적 작용(cetasika), 마음(citta)이라는 네 가지의 새로운 범주를 도입한 것으로 대처했다(Lamotte, 1988: 594-597). 그렇다면 무위를 포함하는 새로운 범주가 도입되기 이전에 이 문제는 테라와다의 아비담마에서 어떻게 설명되었을까?

테라와다 아비담마에서 무위 개념의 발전

카진은 팔리어 아비담마의 첫 번째 문서인 『담마상가니(Dhammasaṅgaṇi)』에 나타나는 몇몇 분류에 기초하여 무위가 5온의 분류에서 물질(rūpa)에 속하기 보다는 다른 네 가지 집합체의 총칭인 이름(nāma)에 속할 것이라고 주장하고 있다(Cousins, 1983:

102-103; Collins, 1998: 175-176).

무위는, 비록 물질과 같이 업의 관점에서 보았을 때 작용이 없고 외계 대상을 의지처로 의지하고 있지 않지만, 결코 물질이 아니다. 이것은 특정한 정신적 사건이나 작용도 아니고 마음과 물질을 지각하고 있는 의식도 아니지만, 어떤 측면에서 도와 그 과보의 정신적 측면과 비교될 수 있다. 『담마상가니』에서 종종 도와 그 과보 그리고 무위는 함께 '포함되지 않는 것(apariyāpanna)', 다시 말해서 세 가지 일상적인 레벨에 속하지 않는 것으로 분류되고 후대에 아홉 가지 초월적 담마의 하나로 언급된다. 포함되지 않는 의식, 포함되지 않는 정신적 작용, 포함되지 않는 요소는 집착(upādāna)이나 어떤 종류의 번뇌(kilesa)와도 상응하지 않고 '헤아릴 수 없으며' '엄밀하다'는 점에서 모두 동일하다. 무위의 요소는 생성이란 관점에서 또한 과거 현재 미래의 범주로 분류될 수 없다는 점에서 유일하다. 제안하자면, 물질(rūpa)이라기보다는 이름(nāma)으로 간주되어야 하지 않을까 한다.

사실상 무위는 『담마상가니』의 몇몇 분류에서 네 가지 정신적 집합체(skandha)와 함께 이름(nāma)으로 분류되고 있는데, 의도되었건 아니건 간에 이와 같은 분류는 무위를 5온의 범주 안에 포함시키는 것으로서 앞에서 언급한 딜레마를 해결해 주고 있다. 다시 말해서 무위를 전통적으로 정신정보의 영역(āyatana)

또는 요소(dhātu)에 상응하는 느낌(vedanā), 지각(saṃjñā), 의지작용(saṃskāra) 등의 세 가지 담마(dhamma)와 유사한 어떤 것으로 보는 것이다. 그러나 이 설명은 『담마상가니』 자체에서 이미 모순되고 있다. 이 논서의 다른 곳에서 무위는 조건을 갖지 않은(appaccaya) 것으로서 조건을 갖고 있는(sappaccaya) 5온과 다른 어떤 것이라고 분류하면서 무위가 5온과는 확연히 구분되는 것임을 강조하고 있기 때문이다.

조금 후대에 속하는 아비담마 논서인 『다투카타(Dhātukathā)』에서 '무위는 집합체(skandha)로 분류되지 않는다'고 계속해서 명확하게 언급하면서 무위를 5온 분류의 느낌(vedanā), 지각(saṃjñā), 의지작용(saṃskāra)과 유사한 어떤 담마(dhamma)로 보려는 몇몇 초기의 팔리어 아비담마 논서의 견해를 명확한 어조로 거부하고 있다.

열반에 있어서 팔리어 아비담마의 두 번째 논서인 『비방가』의 공헌은 열반을 정신정보의 영역(āyatana) 또는 요소(dhātu)에 위치시킨 점과 열반의 아비담마적 개념을 확립한 것에 있다. 『비방가』는 Nibbāna sutta에 나오는 사리풋타(Sāriputta)와 잠부카다카(Jambukhādaka)란 수행자 사이의 대화에 근거하여 무위의 개념을 확립하고 있다. 이 경에서 잠부카다카가 "친구 사리풋타여, 열반, 열반이라고 말하고 있는데, 도대체 친구여, 열반이란 무엇인가?"라는 질문에 사리풋다는 다음과 같이 대답하고 있다.

> 탐냄의 소멸, 증오의 소멸, 그리고 우둔함의 소멸, 친구여, 이것을 열반이라 하네.

여기에 기초하여 『비방가』는 무위의 영역(āyatana)과 무위의 요소(dhātu)를 동일하게 '탐냄의 소멸, 증오의 소멸 그리고 우둔함의 소멸'로 정의하는데, 『비방가』에서 이렇게 확립된 열반 또는 무위의 분류와 정의는 아주 견고해서 후대에 폭넓게 받아들여졌으며 한역 설일체유부 아비달마에서도 간혹 나타나고 있다.

테라와다 아비담마에서 공간 개념의 발전

『카타밧투』에서 공간(ākāsa)은 연기법(paṭiccasamuppāda) 등과 함께 무위에 포함될 수 없는 것으로 간주되고 있다. 여기에서 반박된 공간은 『담마상가니』와 『비방가』에 나타나는 공간요소(ākāsadhātu)의 개념에 기초하고 있는 것처럼 보인다. 『담마상가니』에서 공간요소는 '물질(rūpa)로서 네 가지 2차적 요소(asamphuṭṭhaṃ catūhi mahābhūtehi)와 닫지 않는 공간, 대기, 공동, 구멍, 사이, 틈'이라고 정의되고 있다. 후에 『비방가』에서 공간요소는 다시 외적(bāhira) 공간요소와 내적(ajjhattika) 공간요소로 세부적으로 분류되는데, 후자를 '물질(rūpa)로서, 귀나 코 속의 공동(空洞)과 같이, 살이나 피와 닫지 않는 공간, 대기, 공동, 구멍, 사이, 틈'으로 정의하고 있다. 비록 카루나다사(Karunadasa)가 자신의 저서 『Buddhist Analysis of Matter』에서 테라와다의 물질(rūpa)개념을 훌륭하게 분석했지만, 공간(ākāsa)에 대한 그의 언급은 그렇게 만족스럽지 못하다. 그는 앞에서 본 테라와다의 내적 · 외적 공간 개념의 분류를 설일체유부의 두 가지 공간, 즉 무위에 속하는 공간(ākāśa)과 물질(rūpa)에 속하는 공간요소(ākāśadhātu)의 분류와 동일시하려는 오류를 범하고 있기 때문이다.

설일체유부에 있어서 공간(ākāśa)은 실재로 존재하는 요소 즉 다르마(dharma)로서 '진행을 막지 않는 것'(anāvaraṇa)으로 개념적으로(svabhāva) 규정되고 있다. 이는 현대 양자물리학의 M–theory에서 string에 비유하여 설명되고 있는 물리적인 최소 단위와 유사한데, 기본적으로 주어진 공간을 실재적으로 점유하지만 그 어떤 것의 진행도 방해하지 않는 어떤 것이다. 반면 공간요소(ākāśadhātu)는 시각적으로 인식되는 물질 바로 옆에 있는 물질(rūpa)로서 시각적으로 인식되는 물질로 구성된 공간(chidra)에 주어진 명칭일 뿐이다. 『아비달마구사론』에 의하면, 이것은 딱딱하고 밀집되어 있는 물질 다음에 있는 물질로서

aghasāmantakarūpa로 불리고 있다(La Vallée Poussin, 1923: 89). 예를 들어서, 두 개의 벽 사이에 있는 공간이 우리에게 보이는 것은 양쪽의 벽을 구성하고 있는 물질 바로 옆 또는 끝에 있는 공간요소(ākāśadhātu)가 있기 때문에 이를 대상으로 하여 벽 사이의 공간을 시각적 의식으로 인식한다고 설일체유부는 설명한다. 이상의 두 가지 공간 개념에 있어서 공통되는 것은 이들이 우리가 일반적으로 공간이라고 이야기하는 곳을 실제로 점유하고 있는 어떤 것이란 점이다.

한편 테라와다의 공간요소는 개념적으로 보았을 때 설일체유부의 공간요소와 정반대 입장에 서 있다. 이는 네 가지 2차 요소(asamphuṭṭhaṃ catūhi mahābhūtehi)와 닫지 않는 것 즉 2차 요소로 구성된 물질이 전혀 없는 것으로서 일반적으로 공간이라고 이야기되는 어떤 곳을 실제적으로 점유하고 있는 것이라는 설일체유부의 공간과 완전히 다른 어떤 것이다. 『비방가』에서 이들이 다시 내적 공간과 외적 공간으로 분류되고 있지만, 사실상 둘 사이에는 별로 차이가 없다. 살이나 피는 2차 요소들에 의해 만들어진 것이란 점에서 내적 요소의 개념은 외적 요소의 개념 속에 포함되어 버리기 때문이다. 따라서 테라와다의 공간, 특히 내적 공간을 설일체유부의 공간요소에 상응하는 어떤 2차 물질로 보려는 카루나다사의 견해는 받아들여지기 힘든 것이 된다. 비록 공간 요소가 물질에 의존하고 있다는 점에서 이렇게 2차 물질로 이루어진 것이라고 추정할 수 있겠지만, 가만히 생각해 보면 역도 가능하다. 다시 말해서, "네 가지 2차 요소들과 밀접하게 관련되어 있다는 점에서 공간은 물질의 집합체에 분류되지만 사실상 이것은 아무 2차 물질이 없는 곳을 가르치고 있다"고도 할 수 있다.

『카타밧투』의 다른 곳에 나타나는 논박을 통해 후자의 견해가 사실상 초기 테라와다의 공간에 대한 견해였다는 것을 우리는 알 수 있다. 공간이 볼 수 있는 것이란 의견에 대한 반박으로 『카타밧투』는 다음과 같이 묻고 있다.

> '시각 기관과 공간을 조건으로 시각적인 의식이 생긴다'고 어느 숫타(sutta)에서 말하고 있는가?

다시 말해서 『카타밧투』는 우리가 공간을 보았을 때 생겨나는 의식을 시각적 의식(cakkhuviññāṇa)이 아니라 정신적 의식(manoviññāṇa)으로 보는 것이다. 이점은 후에 『카타밧투』의 주석서에서 이 의식이 테라와다만의 독특한 식의 14가지 작용들 중의 하나로 설명되는 '마음의 문에 해당되는 의식(manodvāraviññāṇa)'으로 설명되고 있다는 점을 통해 확인되고 있다. 예를 들어서, 두 개의 벽 사이에 있는 공간이 우리에게 보이는 것은 공간을 실질적으로 점유하고 있는 2차 요소로서의 공간을 대상으로 인식이 일어나는 것이 아니라 금방 보았던 두 개의 벽의 정신적인 정보를 대상으로 재구성된 정신적인 의식으로 벽사이의 공간이 인식된다고 테라와다는 설명하고 있는 것이 된다. 다시 말해서 벽 사이에는 아무런 물질도 없지만, 그 사이의 공간은 우리의 마음을 통해 재구성되어 알려진다는 것이다. 우리의 공간에 대한 인식은 시각 의식이 아니라 정신적 의식이란 점으로부터, 우리의 마음속에 다시 말해서 정신정보의 영역 또는 요소 안에 공간 개념에 해당되는 어떤 것이 있을 것이란 추정을 가능하게 해 준다. 예를 들어서 우리가 하늘 또는 허공을 본다고 했을 때 시각적으로는 그 무한함을 볼 수 없지만 정신적으로는 이를 상상할 수 있는 것과 같다.

따라서 테라와다의 공간에는 다음과 같은 두 가지 특성이 있다. 공간은 물리적 측면에서 보았을 때 존재하지 않지만, 물질이 공간 개념의 최초의 원인이란 점에서 5온(蘊)의 물질의 집합체 아래 분류될 수 있다. 하지만 정신적 측면에서 보았을 때 일종의 개념 또는 아이디어로 존재하는 것으로, 12처(處)와 18계(界) 분류에서 정신정보의 영역(āyatana) 및 요소(dhātu)에 속할 수 있는 담마(dhamma) 라고 할 수 있다. 비록 물리적 측면의 공간이 『카타밧투』에서 무위와는 다른 것으로 논파되었지만, 정신적 측면의 공간은 어떤 절대적인 성격을 지니며 테라와다의 신비적인 경향과 함께 무위를 오직 하나 뿐인 담마로서 열반과 동일한 것으로 보려는 이들의 독특한 열반 개념을 형성하는 것에 어느 정도 기여한 것으로 보인다.

열반만을 무위로 간주하는 테라와다는 비록 공간(ākāsa)을 무위로 받아들이지 않았지만, 적어도 공간을 무위에 아주 가까운 것으로 간주하고 있다. 『밀린다팡하(Milindapañha)』에서 공간은 열반과 함께 업에 의해 생겨나거나(akammajā), 원인에 의해 생겨나거나(ahetujā), 계절에 맞게 생겨나거나(anutujā) 하지 않는 두 가지 유일한 담마(dhamma)로서, 무한하고(ananto), 경계가 없으며(appamāṇo), 헤아릴 수 없는 것(aparimeyyo)으로 설명되고 있다. 즉 공간은 적어도 몇몇 무위가 갖는 특성들을 가지고 있는 것으로 설명되고 있는 것이다.

그렇다면 이러한 공간의 이중적 측면이 앞에서 보았던 아비달마 분류의 딜레마, 즉 '무위가 5온에는 속하지 않으면서 어떻게 12처, 18계 분류의 정신정보의 영역 또는 요소로 분류될 수 있는가?'라는 문제에 있어서 어떤 해답을 줄 수 있을까? 이점은 비유적으로 다음과 같이 설명될 수 있다. 공간은 물질(rūpa)과 밀접한 관계에 있음으로 물질의 집합체(skandha)에 분류되면서도 사실상 아무런 2차 물질이 없는 허공을 지시하듯이, 열반 또는 무위는 5온과 밀접한 관계에 있으면서도 사실상 5온이 전혀 없는 상태를 지시한다. 따라서 우리가 공간과 열반을 인식하는 것은 외적이 아니라 내적으로 그들의 정신정보영역(dharmāyatana) 또는 정신정보의 요소(dharmadhātu)를 통해 일어난다고 할 수 있다. 그러므로 이러한 공간의 정신적 측면은 앞에서 언급한 『카타밧투』의 열반이 둘일 수 없다는 독특한 반론의 근저에 있었을 것으로 추정되는데, 이점은 무위 또는 열반을 5온(蘊), 12처(處), 18계(界)로 분류함에 있어서 일어나는 아비달마의 딜레마를 초기 테라와다의 논사들이 어떻게 보았을까 하는 의문이 이상에서 살펴본 공간의 이중적 측면으로부터 해결의 실마리를 찾을 수 있다는 점을 통해서도 확인된다. 하지만 이 분석이 테라와다의 열반 개념이 가지고 있는 모든 문제를 해결하고 있는 것은 아니다. 기본적으로 열반이 정신정보영역 또는 정신정보의 요소에 속한다면 이는 유위의 담마로 간주되어야 하는데 열반을 오직 하나뿐인 무위로 설명하는 테라와다의 설명에 모순되고 있기 때문이다. 아마도 이러한 문제점으로부터 어떤 상위의 정신정보영역 또는 정신정보의 요소가 사실상 절대의 영역에 연결되는 것인가, 혹은 무위에 포함되어야 하는 것이 아닌가 하는 의문이 생겨나게 된다.

| 참고문헌 |

Aung, S. Z. & Davids, C.A.F. Rhys.(1915). *Points of Controversy*. London: PTS.

Bareau, A.(1951). *L'absolu en Philosophie Bouddhique: évolution de la notion d'Asmskrta*. Paris: entre Universitaire.

Collins, S.(1998). *Nirvana and Other Buddhist Felicities*. Cambridge: Cambridge University Press.

Cousins, L. S.(1983). "Nibbāna and Abhidhamma", *Buddhist Studies Review* 1(2).

Frauwallner, E.(1995). *Studies in Abhidharma Literature and the Origins of Buddhist Philosophical Systems*. Albany, NY: State University of New York Press.

La Vallée Poussin, L.(1923). *Abhidharmakośabhāṣyam*. Berkeley, CA: Asian Humanities Press.

Lamotte, E.(1988). *History of Indian Buddhism*, Louvain-la-Neuve: Université Catholique de Louvain, Institut Orientaliste.

07

07

찰나와 열반

찰나설과 존재론

칼루파하나는 원자설(paramāṇuvāda)과 찰나설(kṣaṇavāda)의 개념이 인도에서는 아비달마의 중심개념으로 자리 잡은 반면, 테라와다불교에서는 붓다고사 이전에 존재하지 않았을 것으로 추정한다(Kalupahana, 1975: 71, 148). 사실상 찰나설은 북방 계통의 설일체유부와 경량부 등에서 아비달마의 단계에서부터 광범위하게 받아들여졌던 것으로 보이는데, 초기경전과 아비담마에서 '탐냄, 혐오, 우둔함의 소멸'로 단순하게 설명되었던 열반 개념에까지 영향을 미치게 되어 일련의 중요한 개념적 변화를 이끌어 내게 되었던 것으로 보인다.

찰나설에 의하면 존재의 최소 단위로서 요소(dharma)는 찰나찰나에 생겨났다(utpāda)가 소멸하는(nirodha) 것으로, 이때 소멸이란 필연적으로 다음 찰나에 계속해서 이어지는 또 다른 생성을 내포하고 있는 것이 된다. 따라서 초기경전에서 '더 이상의 새로운 생(生)이 없는 상태'로 설명된 무여열반은 기존의 소멸이란 개념만으로는 찰나 찰나에 생성과 소멸을 반복한다는 존재론 하에서 일반적으로 반복되는 소멸에 대해 열반만이 가지고 있는 특별함을 제대로 보여주지 못하는 것이 되어 버린다. 따라서 열반을 단순히 찰나에 생멸을 반복하는 것으로서의 소멸과 구분하려는 시도들이 북방학파들 사이에서 자신들이 가지고 있는 존재론에 따라서 다양하게 시도되어 왔다.

그렇다면 남방 테라와다의 경우는 어떠한가? 비록 찰나설이 테라와다 내부에서 자체적으로 발전했을 것으로 보는 학자도 있지만(Kim Wandoo, 1999: 249-256), 앞의 칼루파하나의 경우에서 보았듯이 현대학자들은 찰나설의 테라와다 전래를 북방 출신인 붓다고사와 관련해서 아마도 그에 의해 스리랑카에 전래된 것으로 설명하는 경향을 보인다. 그리고 이점은 북방 특히 설일체유부의 찰나설에 관해 자세하게 논문을 썼던 로슈팟(Rospatt)의 경우에서도 동일하게 나타나고 있다(Rospatt, 1995: 34). 이들의 견해를 받아들인다면 남방 테라와다는 이러한 변화에서 한발 물러나 있었고 따라서 붓다고사 이전의 문헌에서는 그러한 변화의 흔적이 나타나지 않아야 하지만, 사실상 북방계통의 학파들과 유사한 흔적들이 붓다고사 이전으로 추정되는 문헌들에서 나타나고 있다. 그런 면에서 초기 형태의 열반 개념에 대한 찰나설의 영향이 붓다고사 이전에 이미 스리랑카 지역에 전래되었을 것으로 추정되는 문서류에서 발견되고 있기 때문에, 엄밀하고 발전된 형태라고는 할 수는 없지만 초보적 단계의 찰나설과 찰나설에 영향을 받은 열반 개념이 붓다고사 이전의 테라와다 불교에 수용되어 영향을 미쳤을 것이라고 유추할 수 있다. 찰나설의 등장으로 단순히 소멸(nirodha)이란 용어만으로는 열반에 대한 설명이 어려워지면서 각 부파들은 소멸을 다양한 방식으로 설명하기 시작했다. 라 발레 푸생에 의하면 바수반두는 『아비달마구사론』에서 다섯 가지의 다양한 종류의 소멸에 대해서 언급하고 있었는데, 『대비바사론』에서는 세 가지 종류의 소멸을 설일체유부, 경량부, 그리고 분별론자들의 입장과 관련하여 다음과 같이 소개하고 있다.

> 다른 학설을 논파하고 [비바사사(Vaibhāṣika)의] 올바른 견해를 밝히기 위해서이다. 다시 말해서, 비유자(譬喩者, Dārṣṭāntika)는 택멸(pratisaṃkhyānirdha), 비택멸(apratisaṃkhyānirdha), 그리고 무상멸(anityatānirodha) 모두가 실체(dravya)를 결여하고 있다고 그릇되게 주장한다. 이 견해를 논파하기 위해 저자는 세 가지 소멸(nirodha) 모두가 실체를 가지고 있음을 밝히고 있다. 또한 분별론자(分別論者, Vibhajyavādins)는 세 가지 소멸 모두가 무위(asaṃskṛta)라고 그릇되게 주장한다. 이 견해를 논파하기 위해 저자는 택멸

과 비택멸은 무위(asaṃskṛta)이고 무상멸은 유위(saṃskṛta)임을 밝히고 있다.

분별논자(Vibhajyavādins)란 명칭이 『대비바사론』에서 광범위하게 사용되었음에도 불구하고, 이들을 존재론의 문제로 야쇼카왕의 재위 시절에 설일체유부와 대립했던 역사적인 부파로 추정되는 분별설부(Vibhajyavādin)와 동일시 하기는 어려울 것 같다. 이 용어는『대비바사론』에서 보다는 넓은 의미로 사용된 듯한데, 일체가 존재한다고 하는 설일체유부의 주장에 요소(dharma)를 구분(vibhajya)하여 일부는 존재하고 일부는 존재하지 않는다고 하며 맞섰던 여러 부파들의 총칭으로 사용된 것으로 보이며, 따라서 넓은 의미에서 분별설부와 테라와다까지 포함하는 용어로 보는 것이 타당할 것 같다(Hwang, 2002: 131-136). 분별설부는 이렇게 설일체유부와 대립했던 부파들 중에서 가장 초기 형태를 가진 부파라고 할 수 있을 것 같은데『아비달마구사론』제 5장에서 다음과 같이 정의되고 있다.

> 과거, 미래 그리고 현재가 존재한다고 말하는 사람들이 설일체유부(Sarvāstivādin)이라면, 현재와 과보를 실현하지 않은 업은 존재하고 미래와 과보를 실현한 업은 존재하지 않는다고 분별해서 말하는 사람들은 분별설부(Vibhajyavādin)이다.

이들의 학설에 의하면 존재하는 것으로 언급된 '현재와 과보를 실현하지 않은 업'도 단지 시간이 문제가 될 뿐, 결국 현재가 과거로 되면서 그리고 업이 과보를 실현하면서 결국에는 존재하지 않는 것이 될 것이다. 따라서 분별설부에 있어서 모든 요소(dharma)는 유위(saṃskṛta)의 형태로 잠시 존재하다가 결국에는 존재하지 않는 영역, 즉 무위(asaṃskṛta)의 영역으로 옮겨 가는 것이 된다. 이점은 테라와다 아비담마가 열반을 유일한 무위로 파악하면서 5온으로 구성된 유위와 완전히 별개라는 점을 강조하는 것과 앞에서 언급한『대비바사론』에서 분별논자가 세 가지 소멸(nirodha)을 차별 없이 모두 무위로 간주한다는 점으로부터 확인될 수 있다. 따라서 분별설부에 뿌리를 둔 분별논자 계열의 지말 부파로 추정되는 테라와다에 있어서, 이들이 아직 찰나설의 영향을 받지 않았다는 가정 하에서 보았을 때, 열반을 소멸이란 용어만으로도 충분히 설명할 수 있었을 것으로 추정할 수 있다.

설일체유부와 경량부에서 열반 개념의 변천

찰나설의 직접적인 영향권 하에 들었던 설일체유부와 경량부에 있어서 소멸은 어떤 개념적인 변화를 거치게 되었을까? 요소(dharma)의 과거 현재 그리고 미래에 걸친 차별 없는 실재성을 주장하는 설일체유부에 있어서 요소가 찰나 찰나에 생멸(生滅)을 반복한다는 주장은 사실상 양립되기 어려운 상호모순되는 개념이다. 설일체유부는 이렇게 모순되는 두 가지 개념을 '찰나에 변화하는 것은 요소의 자성(svabhāva)이 아니라 요소의 작용으로 요소에 내재된 무상성(anityatā)에 의해 생성되고 머무르며 쇠퇴하고 소멸하는 작용을 반복한다'는 설명을 통해 훌륭하게 조화시키고 있다. 따라서 찰나 찰나에 생겨났다가 소멸하는 것으로서의 소멸(nirodha)을 무상멸(anityatānirodha)로서 유위 요소(dharma)의 작용에 한정되며, 사실상 무위(asaṃskṛta)의 범주에 포함되는 택멸(pratisaṃkhyānirdha) 및 비택멸(apratisaṃkhyānirdha)과 구분하고 있다.

설일체유부에 있어서 비택멸, 즉 지혜를 통하지 않은(apratisaṃkhyā) 소멸(nirdha)은 '어떤 온상속(蘊相續, skandhasaṃtāna)에서 미래 요소(dharma)가 영구적으로 생성될 수 없게 되는 것'으로 설명되는 반면 택멸, 즉 지혜를 통한(pratisaṃkhyā) 소멸(nirdha)은 '한 요소(dharma)가 어떤 온상속(skandhasaṃtāna)으로부터 영구적으로 분리(visaṃyoga)되는 것'으로 설명되는데, 비록 양자 모두에서 소멸이란 용어가 사용되었음에도 불구하고 소멸과는 전혀 관계없는 어떤 것으로 설명되고 있다.

택멸, 즉 지혜에 의한 소멸은 설일체유부에 있어서 열반에 해당되는 개념으로 주로 '분리(visaṃyoga)'로 정의되는데 다음과 같이 설명될 수 있다. 한 사람이 어떤 번뇌를 가지게 되었다고 하는 것은, 그 사람이 어떤 주체가 되어 객체로서의 번뇌를 소유하게 되는 것이 아니라, 그 사람으로 명칭 지어진 온상속에 그 번뇌에 해당되는 요소(dharma)에 대해서 득(得, prāpti)이라는 마음과 상응하지 않는 작용(cittaviprayuktasaṃskāra)이 생성되어 그 번뇌라는 요소가 온상속에 연결되었음을 의미한다. 일단 생성되면 이 '득'은 계속해서 그 번뇌가 '온상속'에 연결되게 해 주고, 생주이멸이란 작용을 찰나 찰나에 반복할 수 있도록 해 준다.

이때 그 사람이 택멸을 통해 이 번뇌를 없앴다고 하는 것은, 그 사람이 어떤 주체가 되어 객체로서의 번뇌를 소멸(nirodha)시키는 것이 아니라, 득(prāpti)을 통해 그 사람으로 명칭 지어진 온상속에 연결된 이 번뇌의 요소(dharma)를 지혜의 힘을 통하여(pratisaṃkhyā) 온상속에서 분리(visaṃyoga) 시켜 번뇌가 더 이상 생주이멸이란 작용을 이 온상속에서 찰나 찰나에 반복할 수 없게 만드는 것이다. 이 분리의 결과로 '분리의 득(visaṃyogaprāpti)'이라는 요소(dharma)가 온상속에 생겨나게 되는데 이 요소는 그 특정 번뇌에 대한 대치(pratipakṣa)로서 다시는 그 번뇌가 이 온상속에 연결될 수 없도록 해주는 일종의 방패 같은 역할을 한다. 이렇게 설명되는 설일체유부의 택멸의 두 단계는 『대비바사론』과 『아비달마구사론』에서 '도둑을 내쫓고 문을 닫는 것'과 '벌레를 병으로 잡은 후 마개를 닫는 것'으로 비유적으로 설명되고 있다.

그러므로 설일체유부에 있어서 열반은 엄밀한 의미에서 어떤 번뇌라는 요소(dharma)의 소멸(nirodha)이 아니라 '분리의 득(visaṃyogaprāpti)'이라는 요소의 생성(utpāda)을 통해서 한 온상속(skandhasaṃtāna)에 특정한 번뇌가 더 이상 나타나지 않는 것(aprādurbhāva)을 의미하는 것으로 바뀌게 된다. 따라서 설일체유부는 '소멸'이라 이야기 하는 것이 실재에 있어서 어떻게 '생성'이라는 정반대 의미를 지닐 수 있는가를 설명해야만 했었는데 『아비달마구사론』에서는 소유격(genitive case)과 처격(locative case)을 통한 설명이 나타나고 있고 유사한 설명들이 『순정리론』과 『프라산나파다』에서도 나타나고 있다.

한편 설일체유부에 대립되는 학파로서 존재론에 있어서 찰나설을 가장 적극적으로 수용하는 부파로 알려진 경량부의 경우 열반 개념에 어떤 변화가 일어나게 되었을까? 설일체유부가 찰나설을 요소(dharma)의 작용까지만 한정한 것에 대해서 경량부는 요소 자체가 사실상 찰나 찰나에 생멸을 반복하는 것으로 본다. 따라서 모든 요소는 실체(dravyasat)로서 존재하는 것이 아니라 단순한 명칭(prajñaptisat)으로 존재하는 것에 불과하다. 따라서 경량부에 있어서 열반은 마치 종소리가 울리기 전에 없었고 울리고 나면 없어지는 것처럼, '있었다가 없어지는 것'(paścādabhāva)으로 정의되며(Lamotte, 1988: 611), '물질(rūpa)과 느낌(vedanā) 등과 같이 그 자성(svabhāva)이 [직접지각(pratyakṣa)을 통해] 알려지지도 않고, 그 작용이 시각 기관 등과 같이 [추론(anumāna)을 통해] 알려 지지도 않는다'고 설명되는데, 앞의 『대비바사론』에서 세 가지 소멸(nirodha) 모두가 실체(dravya)를 결여하고 있다고 보는 점을 통해서도 확인된다. 그렇다면 경량부는 열반을 단순히 찰나에 생멸을 반복하는 것으로서의 소멸과 어떻게 구분하는 것일까? 우리는 그 해답을 『아비달마구사론』에 나타나는 다음과 같은 택멸의 정의에서 찾을 수 있다.

이미 생성된 잠재상태의 번뇌(anuśaya)와 생(janman)이 소멸(nirodha)되고, 지혜의 힘에 의해 더 이상의 [잠재상태의 번뇌(anuśaya)와 생(janman)]의 생성이 없는 것(anutpāda)을 택멸이라 한다.

요소 자체가 찰나 찰나에 생멸을 반복하는 것으로 보는 경량부의 존재론에 있어서 문제가 되는 것은 어떻게 번뇌가 소멸되느냐 하는 것이 아니라, 어떻게 한 번뇌가 한 개인으로 명칭지어진(prajñaptisat) 온상속(skandhasaṃtāna)에서 과거로부터 현재까지 이어질 수 있는가하는 연속의 문제였다. 여기에 대한 경량부의 해결책은 번뇌를 '나타난 번뇌(paryavasthāna)'와 '잠재상태의 번뇌(anuśya)'의 두 가지로 나누어 설명하는 것으로, 한 개인이 번뇌에 빠져 있다는 것은 미래에 번뇌를 생성할 수 있는 찰나적인 힘(śakti)이 온상속에 심어져서, 전 찰나와 후 찰나를 원인과 결과의 관계로 하여 계속 이어가는 연속의 상태에 있는 것을 말한다. 이렇게 미래에 '나타난 번뇌(paryavasthāna)'를 생성할 수 있는 온상속의 힘(śakti)을 '잠재상태의 번뇌(anuśya)'라 하고 이를 비유적으로 종자 상태에 있다(bījabhāva)고 설명한다. 따라서 경량부의 존재론 하에서 자동으로 소멸하는 '나타난 번뇌(paryavasthāna)'를 소멸시킨다는 것은 아무 의미가 없으며, 어떻게 온상속을 의지처로 계속 이어지고 있는 이러한 힘의 연속을 멈추게 하는 것이 중요한 것이 된다. 따라서 경량부에 있어서 번뇌의 소멸은 종자상태에 있는 것으로 설명되는 '잠재상태의 번뇌'가 소멸되는 것이다.

이때 택멸이 단순히 '잠재상태의 번뇌'의 소멸이란 개념만으로 설명한다면, 왜 계속 되는 찰나에서 새로운 생성(utpāda)이 일어나서 이 흐름이 연속되지 않는가 하는 점을 재대로 설명할 수 없게 되어 버린다. 따라서 이들은 더 이상의 '생성이 없는 것(anutpāda)'이란 개념을 기존의 소멸이란 개념에 추가해서 전후 찰나를 원인결과의 관계로 하여 생멸을 계속해서 반복하면서 이어지던 미래에 '나타난 번뇌'를 생성할 수 있는 온상속의 힘, 다시 말해서 '잠재상태의 번뇌'의 흐름(saṃtati)이 완전히 멈추어 지는 것으로 설명하는 것이다. 그러므로 경량부는 열반을 요소(dharma) 자체의 무상성(anityatā)에 의해서 소멸(nirodha)하는 것으로 설명하지만, '더 이상의 새로운 생성이 없다(anutpāda)'고 하는 부분을 추가하여 번뇌의 소멸로서의 유여열반 또는 생(janman)의 소멸로서의 무여열반을 기존의 찰나 찰나에 생멸을 반복하는 것으로서의 소멸과 구분하고 있다.

테라와다에서 열반 개념의 변천

정형화된 테라와다의 열반에 대한 설명은 주로 『청정도론(Visuddhimagga)』의 제 16장에서 길고 자세하게 나타나는데, 이 설명은 붓다고사 이후의 테라와다 불교에서 열반에 대한 하나의 정설로 자리 잡으며 많은 주석서들에서 인용되고 재해석되었다. 여기에서는 초기경전에서 열반을 단순히 탐냄, 혐오, 우둔함의 소멸로 설명하는 것으로부터 열반을 단순한 소멸로 보려는 견해를 반박하면서 소멸(nirodha) 또는 파괴(khaya)가 열반과 관련해서 이야기될 때에는 보이는 것 이상의 의미가 있다는 것을 다음과 같이 설명한다.

그러나 파괴(khaya)라는 것이 '생성되지 않는 것으로서의 소멸(anuppattinirodha)'로 이야기 되면서 [열반은] 비유적으로 [道가] 의지(upanissaya)하고 있는 상태가 되기 때문에, 이 의지가 있는 것으로부터 파괴를 이렇게 둘러서 이야기 한다.

여기에서 '생성되지 않는 것으로서의 소멸'은 붓다고사 이전에는 거의 등장하지 않는 용어로서 사실상 설일체유부가 삼세실유(三世實有)와 찰나설의 영향으로 소멸을 더 이상 나타나지 않게 하는 것(aprādurbhāva)을 의미하는 것으로 해석하는 것과 유사한 모습을 보여 준다. 다시 말해서, 붓다고사 시기의 테라와다에 있어서 열반은 '탐냄, 혐오, 우둔함의 소멸'과는 별개로(pāṭiyekka) 존재하는 것으로서 사실상 존재하는 어떤 것으로 설명되는데 여기에서 보듯이 사실상 설일체유부가 사용하는 논법이 그대로 활용되어 설명되고 있는 것이다. 계속해서 붓다고사는 무여열반(anupādisesanibbāna)에서 무여(anupādisesa)를 다음과 같이 설명하고 있다.

생기(生起, samudaya)를 포기함에 의해서 미래 업의 과보를 파괴한 그[아라한]의 마지막 마음으로부터, 그리고 이미 생성된 [집합체(khandha)]가 사라진 상태에서 더 이상 계속해서 존재하는(pavatti) 집합체가 생성되지 않음(anuppādana)으로부터 남겨진 연료(upādisesa) [로서의 집합체]가 존재하지 않게 되는데, 바로 이

[비존재]에 대해서 '여기에 남겨진 연료가 없다'는 것이 알려짐으로 무여(anupādisesa)라 한다.

비록 『청정도론』이 열반을 단순한 비존재로 파악하려는 견해를 강하게 반박하고(Ñyāṇamoḷi, 1976: 579-580) 세부적으로 열반을 해석하는 부분에 있어서 경량부와 많은 차이를 보여주고 있지만, 무여열반을 '이미 생성된 [집합체]가 사라진 상태에서 더 이상 계속해서 존재하는 집합체가 생성되지 않는 것'으로 설명하는 부분은 경량부가 열반을 '더 이상의 새로운 생성이 없다(anutpāda)'는 부분을 추가하여 찰나에 생멸하는 것으로서의 소멸과 구분하는 것과 밀접하게 연관되어 있다고 할 수 밖에 없는 듯하며, 사실상 찰나설을 적극적으로 수용하여 무여열반을 설명하고 있는 것으로 보아야 할 것이다.

앞에서 본 칼루파하나와 로슈팟의 경우에서와 같이, 현대학자들은 붓다고사가 『담마상가니』의 주석서인 『아탓살리니(Atthasālinī)』에서 찰나의 개념을 본격적으로 자세하게 설명하는 것으로부터 이렇게 찰나설과 찰나설의 영향으로 개념적인 변화를 일으킨 열반 개념을 테라와다에 도입한 것을 AD 5세기 스리랑카로 내려온 북인도 출신의 붓다고사의 책임으로 돌리는 경향이 있다. 하지만 이들은 이미 사상적으로 변화된 열반 개념이 붓다고사가 스리랑카에 도착했을 때 그곳에서 벌써 읽혀지고 있었을 것으로 보이는 『페다코파데사』에서 이미 나타나고 있다는 점을 간과하고 있는 것 같다.

현대학자들은 『페다코파데사』가 붓다의 제자인 마하 캇차야나(Mahā-Kaccāyana)에 의해 제 1결집을 전후하여 형성되었을 것이라는 남방불교의 전통적인 주장을 받아들이지 않고 있다. 냐나몰리는 초기경전에서 마하 캇차야나가 간단히 언급된 것을 자세하게 분석하는 것에 뛰어나고 주로 당시 인도의 변방인 서남부의 아완티(Avanti) 왕국에서 생활했었던 것으로 보아, 그렇게 붓다의 이론을 설명하는 방식이 원시적인 형태로서 구전을 통해 전해져 내려오다 BC 2세기에서 AD 1세기 사이에 남인도 지역에서 처음으로 논서의 형태로 저술되기 시작되었을 것으로 추정하고 있다(Ñyāṇamoḷi, 1962: xxvii-xxviii).

워더는 『페다코파데사』와 『네팃팟카라나(Nettippakaraṇa)』 등의 논서들은 초기 테라와다전통에서 거의 찾아볼 수 없는 자성(自性, svabhāva)과 같은 새로운 개념들을 포함하고 있다고 주장한다(Warder, 1970: 322-323). 비록 이 논서들의 권위를 버마불교에서만 인정하고 있지만 『청정도론』과 『아탓살리니』에서 붓다고사는 권위가 있는 교증(教證)으로 인용하고 있다. 『페다코파데사』에서 무여열반을 다음과 같이 설명하고 있다.

> 그[아라한]이 수명(āyu)을 모두 소모하고 명근(命根)을 파괴하면, 여기에서 괴로움(dukkha)이 소멸되고(nirujjhati) 더 이상의 괴로움이 생겨나지 않는다(na uppajjati). 이 상태에서 이러한 온·처·계(蘊·處·界)의 소멸(nirodha) 또는 가라앉음(vūpasama)과 또 다른 온·처·계(蘊·處·界)의 연결(paṭisandhi) 또는 나타남(pātubhāva)이 없는 것을 무여열반계(anupādisesā nibbānadhātu)라 한다.

앞에 『청정도론』에서 소멸을 이중 구조로 언급하는 내용과 비교해 보았을 때, '생성되지 않음(anuppādana)'이란 용어 대신 '생겨나지 않는다(na uppajjati)'란 용어를 사용했을 뿐 사실상 내용적으로 거의 일치하고 있다. 즉, 찰나설의 영향 하에서 단순히 소멸(nirujjhati)이라는 언급만으로는 왜 이것이 열반으로 간주되어야 하는가를 설명해 주지 못하게 때문에, 여기에서 위와 같은 용어들을 추가하여 이 소멸이 열반으로 간주되어야만 한다는 것을 설명하고 있는 것이다.

따라서 테라와다불교는 붓다고사가 스리랑카에 도착하기 이전에 『페다코파데사』의 전래와 함께 찰나설의 영향권에 이미 접어들어 있었고, 이 『페다코파데사』에서 보이는 찰나설의 영향으로 개념적인 변화를 일으킨 열반에 대한 설명이 『청정도론』에서도 그대로 채택되고 있는 것으로 보아 비록 초보적인 형태일지라도 찰나설과 찰나설에 영향을 받은 열반 개념이 테라와다교단에 붓다고사 이전에 이미 수용되었을 것으로 보아야 할 것 같다. 열반을 존재하는 것으로 해석할 때 가장 흔히 언급하는 경전은 『쿠닷카 니카야(Khuddaka-nikāya)』의 『우다나(Udāna)』로서, 그 뒷부분에 있는 '비구들이여, 생성이 없는 곳(ajātaṃ), 존재가 없는 곳(abhūtaṃ), 만들어지지 않는 곳(akataṃ) 그리고 형성되지 않은 곳(asaṃkhataṃ)이 있다(atthi)'고 하는 부분이 자주 인용되고 있다. 사실상 상가바드라(Saṅgabhadra)도 자신의 저서 『순정리론』에서 이 경전을 열반을 존재하는 것으로 보는 것에 대한 경전적인 증거로서 인용하고 있는 듯 보인다.

하지만 이상에서 본 찰나설의 영향을 통한 열반의 개념적인 변화를 고려한다면 이 부분은 단순히 찰나의 생멸(生滅)을 반복하는 것으로서의 소멸에 대하여 열반만의 특수함을 부각하기 위해 기존의 소멸(nirodha)에 추가된 개념인 설일체유부의 '나타나지 않는 것'(aprādurbhāva), 경량부의 '생성이 없는 것(anutpāda)', 테라와다의 '생성되지 않음(anuppādana)' 또는 '생겨나지 않는다(na uppajjati)'고 하는 개념들이 여기에서 자연스럽게 설명되고 있는 것으로 해석할 수 있다. 다시 말해서 네 가지 소유 복합어(bahuvrīhi)를 상태적으로 보고 있다(atthi)는 동사를 서술적으로 해석하는 것으로 "비구들이여, 생성이 없는 경지, 존재가 없는 경지, 만들어지지 않은 경지, 그리고 형성되지 않는 경지가 있다"고 하면서 단순히 찰나에 생멸을 반복하는 것으로서의 소멸에 대해 열반으로서의 소멸을 자연스럽게 서술하고 있는 것으로 보는 것이 가능하지 않을까 전망해본다.

| 참고문헌 |

Hwang, S.(2002). *Metaphor and Literalism: A Study of Doctrinal Development of Nirvana in the Pali Nikāya and Subsequent Tradition Compared with the Chinese Āgama and its Traditional Interpretation*. D.Phil thesis, Oxford Univ.

Kalupahana, D. J.(1975). *Causality: The Central Philosophy of Buddhism*. Honolulu: The University Press of Hawaii.

Kim, W.(1999). *The Theravādin Doctrine of Momentariness, A Survey of its Origins and Development*. D.Phil thesis, Oxford Univ.

Lamotte, E.(1988). *History of Indian Buddhism*. Louvain-la-Neuve: Université Catholique de Louvain, Institut Orientaliste.

Ñyāṇamoḷi, B.(1962). *The Guide*. London.

Ñyāṇamoḷi, B.(1976). *The Path of Purification*. Berkeley: Shambhala.

Rospatt, A. V.(1995). *The Buddhist Doctrine of Momentariness: A Survey of the Origins and Early Phase of this Doctrine up to Vasubandhu*. Stuttgart: Franz Steiner Verlag.

Warder, A. K.(1970). *Indian Buddhism*. Delhi: Motilal Banarsidass.